AI 광고 영상

AI문고

인공지능 시대입니다. 기계가 인간의 인지를 대신하고, 사물이 인간을 통하지 않고 다른 사물과 직접 커뮤니케이션합니다. 이에 따른 인간 삶과 문명 변화를 정확히 이해·예측·대응하는 것은 이 시대 우리 모두의 과제입니다. AI문고는 인공지능 기술과 환경의 여러 주제를 10가지 키워드로 정리합니다. 관련 개념과 이론, 학계와 산업계의 쟁점, 우리 일상의 변화를 다룹니다. 인간과 기술의 현재, 미래를 세심히 분석합니다.

일러두기

- 인명, 작품명, 저서명, 개념어 등은 한글과 함께 괄호 안에 해당 국가의 원어를 병기했습니다.
- 외래어 표기는 현행 어문규정의 외래어표기법을 따랐습니다.

처음이세요?

전문가세요?

AI 광고 영상

박상권

대한민국, 서울, 커뮤니케이션북스, 2025

AI 광고 영상

지은이 박상권
펴낸이 박영률

초판 1쇄 펴낸날 2025년 10월 23일

커뮤니케이션북스(주)
출판 등록 2007년 8월 17일 제313-2007-000166호
02880 서울시 성북구 성북로 5-11
전화(02) 7474 001, 팩스(02) 736 5047
commbooks@commbooks.com
www.commbooks.com

ISBN 979-11-430-1372-9 03500

책값은 뒤표지에 표시되어 있습니다.

차례

AI, 광고 영상의 새로운 언어

새로운 창작 언어의 시작

인류의 소통 방식은 기술의 발전과 함께해 왔다. 구텐베르크의 인쇄기가 문자의 대중화를 이끌고 뤼미에르 형제의 시네마토그래프가 움직이는 이미지를 만들어 냈다. 이처럼 기술은 우리가 세상을 보고, 이해하고, 표현하는 방식을 근본적으로 바꿔 놓는다. 그리고 우리는 또 하나의 전환점에 도달했다. 바로 AI라는 새로운 창작 언어의 등장이다.

구텐베르크의 인쇄기는 문자를 대량으로 복제하여 지식을 전달했고, 뤼미에르 형제의 시네마토그래프는 움직임이라는 영상 문법을 통해 이야기를 표현했다. 이렇듯 창작 언어는 아이디어를 구체적인 형태로 실현하는 도구이자 매개체 역할을 해 왔다. 하지만 여기서 중요한 점은 인쇄기가 스스로 책을 쓰거나 시네마토그래프가 스스로 영상을 만들어 내지는 못한다는 것이다. AI는 바로 이 지점에서 창작 언어의 정의를 바꾼다. AI는 스스로 학습한 방대한 지식을 바탕으로 새로운 가능성을 제안하고 조합하여 새로운 결과물을 생성한다.

그렇다면 이러한 AI라는 언어는 언제 처음 등장했을까? 그 시작은 1955년, 매카시(McCarthy)가 작성한 다트머스 여름 연구 프로젝트 제안서로 거슬러 올라간다(McCarthy et al., 1955). 이 용어는 이듬해인 1956년 다트머스 워크숍을 통해 세상에 공식적으로 알려졌다(Moor, 2006). 이후 제프리 힌턴(Geoffrey Hinton)의 연구를 통해 딥러닝 알고리즘이 발전하고(Hinton et al., 2006), 트랜스포머(Transformer)라는 혁신적인 신경망 아키텍처가 등장하여 현재 우리가 사용하고 있는 생성형 AI 기술의 근간을 이루었다.

AI 기술은 데이터를 분류하고 분석하는 데에 초점을 맞춘 판별형 AI(Discriminative AI)를 넘어, 학습 데이터를 바탕으로 새로운 콘텐츠를 만들어 내는 생성형 AI(Generative AI)로 발전했다. 그 전환의 중심에는 생성적 적대 신경망(GANs) 기술이나 디퓨전 모델(Diffusion Model)과 같은 정교한 알고리즘이 자리하고 있다. 이러한 기술을 바탕으로 미드저니(Midjourney), 스테이블 디퓨전(Stable Diffusion) 등과 같은 이미지 생성형 AI부터 소라(Sora), 비오 3(Veo 3)에 이르기까지 AI는 정지된 이미지를 넘어 영상의 영역으로 빠르게 확장되고 있다.

AI의 발전은 모든 산업 전반에 지대한 영향을 미치고 있고 앞으로도 지속될 것이다.

왜 이 새로운 언어는 중요한가

AI의 발전은 당연히 광고 영상 제작에도 영향을 미치고 있다. 하지만 이 새로운 언어는 과거의 디지털 도구와는 다르다. 포토샵이나 애프터 이펙트와 같은 도구가 기존의 이미지나 영상을 조작했다면, AI는 프롬프트(Prompt)라는 지시어를 통해 세상에 없던 결과물을 생성한다. 이것은 제작자의 사고방식과 창작 과정 전체를 재편하는 패러다임의 전환이다. 창작의 행위가 직접 만드는 것에서 AI가 제시하는 무한한 가능성을 선택하고 조율하는 방향으로 이동하고 있기 때문이다.

또한 기존의 광고 영상 제작은 아이디어 기획부터 촬영, 편집에 이르는 선형적 과정이었다. 각 단계마다 상당한 시간과 비용, 전문 인력이 필요했다. 하지만 AI는 이 모든 과정을 통합하고 압축할 수 있는 가능성을 제시한다. 더 나아가 개인화된 광고 콘텐츠의 생성, 실시간 최적화, 다국가 버전 제작 등 기존에는 불가능하거나 어려운 규모의 작업을 가능하게 만든다. 이처럼 AI는 광고업계의 창작 방식을 근본적으로 재편할 잠재력을 가지고 있다.

그러나 많은 제작자는 이 기술을 단순한 편의 도구 정도로만 인식하고 있다. 이는 큰 오해다. 표면적인 사용법만으로는 이 언어를 제대로 이해할 수 없다. 따라서 다양한 측면에서 바라봐야 한다.

우선 AI는 어디까지나 기술이기 때문에 그 기술의 기본을 이해해야 한다. 다양한 AI 도구가 출시되고 사용자 인터페이스는 점점 더 직관적으로 발전하고 있지만, 기술적 환경이 지속적으로 변화하는 상황에서 단순한 사용법 습득만으로는 한계가 있다. 따라서 AI 기술에 대한 기본적 원리를 이해할 때, 다시 새로운 AI 도구가 등장하더라도 유연하게 적응하고 효과적으로 활용할 수 있다.

더욱이 현재 AI 영상 제작 분야는 급속도로 발전하고 있어 매우 유동적이다. 제작 프로세스부터 AI 도구의 활용법까지 아직 표준화된 것이 없다. 이런 상황에서는 현황을 정확히 파악하고, 기존의 전통적인 영상 제작 방식과 비교하여 이해하는 것이 효율적이다.

더불어 AI 광고를 둘러싼 법적이며 윤리적 논의 역시 활발하게 전개되고 있다. 일부는 환영하지만, 일부는 거부감을 드러내는 등 사회적 반응이 다른 만큼, 기술 자체뿐 아니라 이러한 환경적 요인까지 함께 이해해야 한다.

무엇보다 아직 많은 사람이 AI 영상 제작에 대해 구체적으로 모르는 부분이 많다. 이로 인해 지나친 기대나 근거 없는 두려움 등 환상과 오해가 만연하다. 더 중요한 것은 이런 피상적 인식 때문에 AI 영상 제작의 본질적인 부분인 우리 인간의 역할을 놓치고 있다.

이처럼 기술적 변화와 사회적 논의가 교차하는 시점에서 AI 광고 영상 제작의 맥락을 종합적으로 검토할 필요가 있다. 이 책은 그 과정을 돕기 위해 기획되었다. AI를 통해 변화하고 있는 광고 영상 제작 분야를 탐색하고 이에 필요한 준비와 전망에 대해 알아보고자 한다.

책의 구성과 내용

이 책은 광고 제작자, 광고 영상 제작을 희망하는 학생을 대상으로 하며 AI로 인한 광고 영상의 변화와 전망에 관해 다음과 같은 관점으로 바라보았다.

첫째, AI를 통한 변화를 다각도로 조망하고자 했다. 이를 위해 AI 기술뿐 아니라 시장 동향과 사례를 중점에 두었다. 둘째, 실용성을 담으려 했다. 앞으로의 변화에 대해 적응할 수 있도록 실무적 시각으로 작성하였다. 셋째, AI 기술과 인간의 협업을 강조하고자 했다. 단순히 이론과 설명에 그치지 않고 앞으로의 미래에 관해 생각해 봐야 하는 부분까지 고려했다.

이와 같은 관점에 따라 각 장을 구성했다. 먼저 1장과 2장에서는 기초를 다지고자 했다. AI 영상 제작을 이해하는 데에 필요한 기본 개념과 AI 도입을 통한 광고 영상 제작의 변화 동향에 대해 다루었다. 이어 3, 4, 5장에서는 활용할 수 있는 방법을 담고자 했다. 아이데이션, 프로 프로덕션, 프로덕션, 포스트 프로덕션에 이르는 광고 제작의 단계별 AI 활용 방법을 살폈다. 6, 7, 8장에서는 AI를 둘러싼 여러 측면에 대해 다루고자 했다. 가상 인간, 과제와 저항, 저작권 및 윤리와 같이 AI 광고 영상 제작을 제작할 때 고려해 보아야 할 부분을 논의하였다. 9장과 10장에서는 미래에 대한 준비를 담고자 했다. AI 시대에도 변하지 않는 인간의 가치와 광고 영상의 미래에 대한 예측을 통해 AI 시대에 가져야 할 고민에 대해 배치했다.

각 장에 대한 자세한 설명은 다음과 같다.

1장. 'AI 광고 영상 제작의 이해'. 생성형 AI의 기본 개념과 원리를 설명하고 AI가 광고 영상 제작에 왜 중요한지 장점에 대해 정리하였다. 더불어 AI에 대한 가능성과 한계를 구분하여 현실적 기대치를 서술했다.

2장. 'AI 시대, 광고 영상의 변화'. AI가 가져올 변화에 대해 제작물, 제작 프로세스, 제작 협업 구조의 관점으로 나누어 설명했다.

3장. 'AI 아이데이션과 프리 프로덕션'. AI를 통해 전통적인 방식에서 탐색의 방식으로 변화한 아이데이션 과정을 다뤘다. 또한 이미지 생성형 AI를 통한 비주얼 콘셉트 제작과 프롬프트 엔지니어링의 방법을 소개했다.

4장. 'AI 네이티브 프로덕션'. 카메라 없는 영상 제작, 즉 'AI 네이티브 프로덕션'이라는 개념을 소개했다. 또한 촬영과 혼합하는 하이브리드 방식을 다루고 각 방식의 장점과 한계를 전망했다.

5장. 'AI 포스트 프로덕션'. 편집과 후반 작업 단계에서 AI가 맡을 역할을 다뤘다. 긴 영상을 자동 편집하고 주요 장면을 선택하며, 또한 시각 효과(VFX) 분야와 사운드 디자인 영역에서 일어나고 있는 변화를 제시했다.

6장. 'AI와 가상 인간'. 광고계의 새로운 페르소나, 가상 인간을 조명했다. AI 가상 인간의 유형을 세 가지로 나누어 소개하고 전략적 장점과 고려 사항에 대해 논했다.

7장. 'AI 도입의 과제'. AI 도입의 장점 이외에 현실적인 과제를 분석했다. 기술적 한계와 인식의 저항 등 넘어야 할 장애물에 대해 제시했다.

8장. 'AI 저작권과 윤리'. AI를 둘러싼 법적, 윤리적 고려 사항을 다뤘다. 각 나라의 사례와 위험 요소, 윤리적 원칙에 대해 논하였다.

9장. 'AI 시대, 변하지 않는 가치'. AI가 발전하지만 역설적으로 인간의 고유한 가치에 대해 제시했다. AI 광고 제작의 시작과 끝, 또한 진정성을 중심으로 인간만이 가질 수 있는 능력에 대해 다뤘다.

10장. 'AI 광고 영상의 미래'. 미래를 향한 전망과 제언으로 마무리했다. 새롭게 부상하는 직무를 소개했다. 더불어 광고 산업의 미래와 예비 광고 제작자가 배워야 할 기본 소양과 지식에 대해 다뤘다.

AI는 지금 이 글을 쓰고 있는 순간에도 발전하고 있다. 하루가 다르게 새로운 기술과 도구가 등장하고 그에 따라 광고업계 또한 재편되고 있다. 따라서 이 책에 모든 것을 다룰 수는 없다. 하지만 부족하나마 이 책이 AI라는 새로운 언어를 배우고자 하는 이들에게 작게나마 길잡이가 되기를 바란다.

참고문헌

Hinton, G. E., et al.(2006). A Fast Learning Algorithm for Deep Belief Nets. *Neural Computation, 18*(7), pp.1527~1554.

McCarthy, J., et al.(1955.8.31). A Proposal for the Dartmouth Summer Research Project on Artificial Intelligence. [PDF]. Stanford University.
https://jmc.stanford.edu/articles/dartmouth/dartmouth.pdf

Moor, J.(2006). The dartmouth college artificial intelligence conference: The next fifty years. *AI Magazine, 27*(4), pp.87~91.

01
AI 광고 영상 제작의 이해

AI는 수많은 선택지를 생성할 수는 있지만, 인간의 안목으로 최상의 결과물을 선별하고 맥락에 맞도록 다듬어야 한다. 결국 독창적인 결과물을 얻기 위해서는 인간이 언제나 시작과 끝에 있어야 한다.

기후 위기와 인공지능?

생성형 AI란

AI를 이해하기 위해서는 생성형 AI(Generative AI)와 판별형 AI(Discriminative AI)의 구분이 필요하다. 생성형 AI는 학습 데이터를 바탕으로 텍스트나 이미지, 영상, 음악 등 다양한 결과물을 만들어 내는 딥러닝 기술이다. 판별형 AI가 주어진 데이터를 분류하거나 분석하는 데 초점을 맞추는 것과는 달리, 생성형 AI는 데이터로부터 학습한 패턴의 인식을 통해 새로운 콘텐츠를 만든다. 예를 들어, 수많은 데이터를 학습한 뒤 특정 프롬프트(Prompt)를 입력하면 그에 어울리는 이미지를 생성하는 텍스트-이미지(Text-to-Image) 기술이나, 텍스트 프롬프트나 이미지를 단서로 영상을 만들어주는 텍스트-비디오(Text-to-Video) 기술이 여기에 포함된다.

이러한 생성형 AI 기술은 생성적 적대 신경망(Generative Adversarial Networks, GANs)이 활용되었고, 최근에는 디퓨전 모델(Diffusion Model) 기반 알고리즘이 주로 사용되고 있다. GAN은 2014년 제안된 모델로 생성자(Generator)와 판별자(Discriminator)라는 두 개의 신경망이 서로 경쟁하며 학습하는 구조다(Goodfellow et al., 2014). 생성자는 판별자를 속이기 위해 점점 정교한 이미지를 만들고, 판별자는 속지 않기 위해 진짜와 가짜를 구분하는 능력을 키운다. 이 과정에서 생성자의 이미지는 인간이 만든 것과 구별하기 어려울 정도로 발전하게 된다. GAN은 소위 딥페이크(Deepfake)와 같이 세상에 존재하지 않는 인물이나 특정인의 얼굴을 만들거나 유명 예술가의 화풍을 학습해 독창적인 비주얼을 제작할 수 있다.

디퓨전 모델은 원본 이미지에 노이즈를 점진적으로 추가하여 완전히 무작위 상태로 만든 후, 그 과정을 거꾸로 되짚어 노이즈에서부터 이미지를 복원하는 법을 학습함으로써 새로운 이미지를 창조한다(Ho et al., 2020). 즉, 무작위 노이즈에서 시작해 단계적으로 노이즈를 제거하며 숨겨진 이미지를 복원해 나가는 것이다. 디퓨전 모델은 미드저니(Midjourney)나 소라(Sora), 스테이블 디퓨전(Stable Diffusion)과 같은 AI 도구에서 활용된다.

이러한 생성형 AI 기술을 영상으로 확장하는 것은 시간이라는 차원을 추가해야 하기에 더 복잡하다. 영상은 단순히 프레임의 연속이 아니라, 시간의 흐름에 따라 객체와 배경, 인물의 움직임이 일관성을 유지해야 하기 때문이다. 이에 따라 여러 연구에서 영상 전체의 논리적 흐름과 일관성을 확보하기 위해 노력 중이다(Ho et al., 2022; Xing et al., 2024). 일례로 구글 딥마인드(Deep

Mind)에서는 세계 최초의 범용 AI 월드 모델 지니 3(Genie 3)를 발표하였다. 이 모델은 텍스트 프롬프트만으로 실시간 3D 환경을 만들어 내는 AI로 현실이나 가상 환경을 단 몇 분 내에 시뮬레이션할 수 있는 것이 특징이다 (Parker-Holder & Fruchter, 2025). 실시간으로 주변 환경의 일관성이 수 분간 유지되며 날씨나 객체 추가 등 장면 속 요소를 즉시 조작 가능하다. 앞으로 이러한 기술 발전으로 더 사실적이고 빠르게 결과물을 제작할 수 있을 것으로 보인다.

이러한 생성형 AI의 원리를 이해하는 것은 중요하다. 왜냐하면 생성형 AI 도구가 빠른 속도로 등장하고 기술적 환경이 지속적으로 변화하는 상황에서 단순히 사용법의 습득만으로는 한계가 있기 때문이다. AI에 대한 기본적 이해가 있을 때 새로운 AI 도구가 등장하더라도 유연하게 적응하고 효과적으로 활용할 수 있다.

AI 활용의 장점

AI와 광고 영상 제작의 융합은 패러다임을 바꾸고 있다. 그것이 가져오는 변화는 속도, 비용, 크리에이티브 등 여러 측면에서 실질적 변화를 보인다.

우선 제작 속도의 혁신이다. 전통적인 광고 영상 제작

은 기획부터 촬영, 편집, 후반 작업까지 수 주에서 수개월이 소요되는 긴 과정이었다. 그러나 AI는 이 타임라인을 수일, 심지어는 수 시간 단위로 압축한다. 대표적으로 LG유플러스는 AI로 제작한 광고를 통해 제작 기간을 기존 3D 애니메이션 광고 대비 70% 단축했다고 밝혔다(이정현, 2024). 이는 급변하는 시장 트렌드와 문화적 이슈에 대해 신속하게 반응할 수 있게 한다.

둘째는 비용 구조의 절감이다. 배우 섭외, 스튜디오, 장비 대여, 로케이션 촬영 등 막대한 예산이 소요되던 물리적 제작 과정의 상당 부분을 AI가 대체할 수 있게 되었다(윤종영, 2024). 스웨덴 핀테크 기업 클라르나(Klarna)는 AI 도입을 통해 광고 제작 비용을 약 150만 달러 절감하고, 마케팅 비용을 11% 줄였다(Graham, 2024). 이러한 비용 절감은 단순히 예산을 아끼는 것을 넘어, 제한된 비용으로 더 많은 아이디어 개발과 광고 제작을 가능하게 하는 기회가 될 수 있다.

셋째는 크리에이티브의 확장이다. 시간과 예산의 제약에서 벗어난 광고 제작자는 이전에는 시도하기 어려웠던 AI와 협업하여 새로운 아이디어를 낼 수 있게 되었다. 케첩 브랜드 하인즈(Heinz)의 케첩 AI(Heinz A.I. Ketchup) 캠페인이 대표적인 예다. 이 캠페인에선 AI에게 다양한 케첩 이미지를 생성하도록 하였는데, 거의 모든 결과물이 하인즈 케첩 병과 유사한 이미지를 만들었고 1위 케첩의 상징성을 나타냈다(유다정, 2024). 이는 AI가 단순히 속도와 비용의 효율성을 내는 제작 도구를 넘어, 아이디어를 검증하고 콘셉트 자체를 형성하는 창의적 파트너 역할로 진화하고 있음을 시사한다. 전통적인 방식이라면 시장 조사와 설문 데이터를 통해 엄청난 시간과 비용을 들였을 것이다. 하지만 앞으로는 AI를 활용해 새로운 방식으로 광고 영상을 제작하게 될 것이다.

AI에 대한 오해와 환상

AI의 혁신적인 잠재력만큼이나 그에 대한 오해와 환상도 널리 퍼져 있다. 기술을 효과적으로 활용하기 위해서는 화려한 가능성 이면에 존재하는 명확한 현실을 직시하는 것이 중요하다.

가장 흔한 오해는 간단한 프롬프트 하나만 입력하면 즉시 고품질의 결과물이 완성될 것이라는 믿음이다. 현실은 이와 거리가 멀다. 적확한 결과물을 생성하기 위해 정교한 프롬프트 엔지니어링(Prompt Engineering)은 필수적이며 수많은 키워드와 구체적인 묘사를 조합하고 수정해야 한다. 또한 생성된 결과물을 바탕으로 여러 차례의 재탐색과 포토샵, 애프터 이펙트와 같은 도구로 수정을 거쳐야 한다. 실제로 2022년에 미드저니를 사용해 콜로라도주 박람회 디지털 아트 부문에서 수상한 제이슨 마이클 앨런(Jason Michael Allen)은 작품을 제작하기 위해 최소 624번의 프롬프트 작성과 수정을 거쳤다고 밝혔다(Farfan, 2024). 이처럼 의도에 부합하는 특정 결과물을 얻기까지의 과정은 매우 반복적인 노력을 요구한다.

다음은 AI가 창의적이고 독특한 결과물을 제작해 준다는 생각이다. 물론 AI가 사람이 미처 생각하지 못했던 것을 생성할 수도 있다. 하지만 AI가 생성하는 모든 결과물은 결국 인간이 프롬프트를 입력하고 결과물을 선택해야 탄생한다. AI는 수많은 선택지를 생성할 수는 있지만, 인간의 안목으로 최상의 결과물을 선별하고 맥락에 맞도록 다듬어야 한다.

더불어 AI가 인간을 완전히 대체할 것이라는 막연한 두려움이 있다. 단순 반복 작업에서는 인간보다 AI가 월등히 뛰어나다. 하지만 현재 기술 수준에서 AI는 인간의 전략적 사고, 비판적 판단, 감성적 공감 능력을 대체할 수 없다. 오히려 AI는 인간의 역할을 더욱 고도화시킨다. 광고 제작자는 AI와의 협업을 통해 반복적인 작업에서 해방되어 더 창의적인 전략과 아이디어에 집중할 수 있을 것이다. 또한 상상만 하거나 시간과 비용이 많이 들던 비현실적인 장면도 AI를 통해 쉽게 구현할 수 있게 되면서 광고 연출의 스펙트럼이 넓어졌다. 따라서 AI의 능력을 증폭하는 도구로서 바라봐야 한다.

결론적으로, AI는 양면성을 가진다. 수많은 아이디어를 탐색하는 단계에서는 AI가 더 효율적이다. 하지만 구체적이고 정교한 결과물을 만들어 내는 단계에서는 인간의 창의성과 사고가 필요하다. 따라서 제작자는 AI를 만능 해결사로 여기기보다 오해와 환상을 명확히 이해하고 협업의 관점에서 접근해야 한다. 이것이 AI라는 새로운 언어를 성공적으로 구사하는 첫걸음이 될 것이다.

참고문헌

유다정(2024.6.27). "AI 광고 어디까지 왔나… 2024 칸 라이언즈 수상작으로 본 'AI 활용법'". 브랜드브리프. https://www.brandbrief.co.kr/news/articleView.html?idxno=7073

윤종영(2024.5.10). "동영상 생성형 AI는 광고 산업을 어떻게 바꿀까?". Cheil Magazine. https://magazine.cheil.com/55355

이정현(2024.5.24). ""AI로만 만들었어요" … LG U+, 새 슬로건 광고 선보여". 연합뉴스.

https://www.yna.co.kr/view/AKR20240524039100017

Farfan, I.(2024.10.9). Who owns the copyright for an AI-generated artwork?. Hyperallergic. https://hyperallergic.com/957357/who-owns-the-copyright-for-an-ai-generated-artwork/

Goodfellow, I. J., et al.(2014). Generative adversarial networks. arXiv. https://arxiv.org/abs/1406.2661

Graham, M.(2024.5.29). Klarna marketing chief says AI is helping it become 'brutally efficient'. The Wall Street Journal. https://www.wsj.com/articles/klarna-marketing-chief-says-ai-is-helping-it-become-brutally-efficient-4ad388d3

Ho, J., et al.(2020). Denoising Diffusion Probabilistic Models. arXiv. https://arxiv.org/abs/2006.11239

Ho, J., et al.(2022). Imagen video: High definition video generation with diffusion models. arXiv. https://arxiv.org/abs/2210.02303

Parker-Holder, J. & Fruchter, S.(2025.8.5). Genie 3: A new frontier for world models. DeepMind. https://deepmind.google/discover/blog/genie-3-a-new-frontier-for-world-models/

Xing, Z., et al.(2024). A survey on video diffusion models. arXiv. https://arxiv.org/abs/2310.10647

02
AI 시대, 광고 영상의 변화

이러한 변화는 광고 대행사와 제작자의 역할에 대한 존재 이유를 묻는다.
브랜드-대행사-미디어 간 경계가 유연해지고 있고, 제작 과정의 구분 자체도 흐려지고 있다.

노래하는 AI 보컬?

제작물의 변화

오랫동안 광고 영상은 많은 예산을 들여 단일 메시지와 하나의 TV 광고를 만들고 이를 모든 매체에 똑같이 노출하는 게 일반적이었다. 그러나 오늘날엔 다양한 채널과 세분된 타깃에 맞춰 메시지와 형식을 변주하는 방향으로 움직이고 있다. 이러한 상황 속 AI의 도입으로 변화는 더욱 가속화되고 다변화가 가능해지고 있다.

AI를 사용하면 동일한 제품이라도 타깃의 나이, 성별, 관심사에 따라 각기 다른 버전의 개인화된 광고 영상을 만들 수 있다. 예를 들어, 미국의 온라인 중고차 판매 플랫폼 카바나(Carvana)는 AI 기술을 활용하여 고객 개개인의 이름, 구매 당시 차량 모델, 구매 시점 날씨, 당시 주요 뉴스 등의 데이터를 조합해 130만 개 이상의 맞춤형 영상을 자동으로 생성했다(Hiken, 2023). 이처럼 AI 개인화는 브랜드의 정체성은 유지하면서도 각 소비자에게 더욱 관련성 높은 메시지를 전달해 준다.

또한 AI의 힘으로 과거엔 불가능했던 이미지와 상상을 손쉽게 그려내고 움직일 수 있게 되었다. 과거에는 광고에서 판타지적이거나 비현실적인 장면을 구현하려면 많은 예산의 시각 효과(VFX) 작업이 필요했다. 그러나 이제는 AI 도구를 활용하여 손쉽게 제작이 가능하다. 예를 들어, AI 영어 학습 업체인 스픽(Speak)에서는 가수 고(故) 신해철의 AI 음성이 담긴 신규 캠페인을 선보였다(전미준, 2024). 이러한 사례는 많은 예산과 시간이 필요했지만, AI로 쉽게 재현 가능해졌다.

이러한 점은 비단 대규모 예산이 들어가는 대형 규모의 광고 영상뿐만이 아니라 소형 광고주나 제품 사진 등에서 쓰일 수 있다. 2025년 구글에서는 나노 바나나(Nano Banana)라고 불리는 제미나이 2.5 플래시 이미지(Gemini 2.5 Flash Image)를 공식 출시했는데, 인물 및 사물 합성, 객체 추가와 제거 등이 강점이며 일관성 측면에서도 탁월하다는 평이다(김민석, 2025). 예를 들어, 인물과 선글라스가 있는 두 장의 사진을 업로드한 후 인물이 선글라스를 착용한 사진으로 변환을 요청하면 실제 촬영한 사진처럼 출력이 된다.

이러한 제작물의 변화는 과거에 불가능하거나 막대한 비용이 들었던 표현 기법을 손쉽게 활용하도록 하여 새로운 가능성을 열고 있다. 이는 광고에서 나올 수 있는 아이디어의 영역을 확장하게 한다. 브랜드가 가지고 있는 정체성이 명확하다면, AI를 통해 브랜드의 새로운 이야기 또한 탄생시킬 수 있다.

제작 프로세스의 변화

AI는 광고 영상 제작 프로세스를 변화시키고 있다. 기존에는 기획과 아이디어 개발, 제작 등의 단계가 독립적으로 진행되었으며 많은 전문 인력과 시간이 필요하였다. AI는 이것을 통합하고 간소화한다.

광고 영상 제작의 사전 기획부터 최종 릴리즈에 이르는 모든 단계에 걸쳐 AI가 활용될 수 있으며, 전통적인 구분을 흐릿하게 만들고 있다. 예를 들어 텍스트-이미지 혹은 텍스트-비디오 AI 도구를 활용하면 아이디어 개발 단계에서 시각화된 스토리보드나 시안 영상을 바로 생성할 수 있다. 이는 아트 디렉터, CG 디자이너, 콘티라이터 등이 며칠에 걸쳐 수행하던 작업을 단시간에 가능하게 하며 아이디어와 결과물의 경계를 좁힌다. 실제로 AI가 콘셉트 아트워크 생성, 제작 단계의 촬영 및 합성, 후반의 편집과 시각 효과 작업까지 복잡한 업무를 자동화함으로써 전체 제작 파이프라인을 재구성하고 있다는 분석도 있다(Zhang et al., 2025). 즉, AI의 도움으로 아이디어 구상부터 최종 편집까지 병행적인 워크플로가 가능해져 이전에는 순차적으로 진행되던 단계가 동시에 이뤄지거나 경계 없이 이어지고 있다. 이러한 변화는 제작 속도를 높이지만, 동시에 전통적 역할 분담의 개념을 재고하게 한다. 즉 크리에이티브 디렉터, 아트 디렉터, 카피라이터와 같은 광고대행사의 역할과 감독, PD, VFX 등 프로덕션의 역할마저 혼합되고 있다. 이와 같은 변화는 앞으로 광고 제작 프로세스의 변화를 일으킬 것이다.

과거 광고 영상은 주로 대형 제작사나 전문 스튜디오 중심으로 만들어졌지만, 이제 소규모 팀이나 개인 제작자도 AI 도구만 있으면 고품질 영상 콘텐츠를 만들어 낼 수 있는 시대가 되었다. AI를 통해 적은 인원으로도 다수의 광고 버전을 신속하게 생산하고 테스트할 수 있게 되면서, 과거 대규모 인력이 필요했던 작업이 탈중앙화되고 있다. 실제로 헝가리의 라슬로 갈(Laszlo Gaal)이라는 제작자 혼자 AI 도구만으로 24시간 만에 볼보자동차 광고 영상을 만들어 수백만 조회 수를 기록한 사례도 있다(Alpha Avenue, 2024). 긍정적으로 보자면 AI는 제작의 민주화를 이끌고 있으며, 이제 개인이라면 누구나 전문 장비나 막대한 예산 없이도 일정 수준의 영상을 만들 수 있는 환경이 조성되고 있다. 이는 제작의 주도권이 소수 집단에서 다수의 제작자로 확장되는 변화로, 광고 영상 제작의 진입 장벽을 크게 낮춘다.

다만, 기존의 광고대행사나 프로덕션은 변화가 불가피하다. 특히 대형 광고대행사나 인하우스 에이전시보다 광고 예산이 크지 않은 중소형급 광고대행사나 프로덕션은 AI가 만들어 내는 제작 프로세스의 변화에 특히 더 대비해야 할 것이다. 일례로 조사에 따르면 AI 영상 광고가 2026년까지 전체 광고의 40%에 도달할 것으로 예상하였고 중소 규모 브랜드가 대형 브랜드보다 더 빠르게 도입하고 있다고 발표했다(IAB, 2025). 따라서 중소 광고주와 거래하는 제작사는 제작 프로세스 변화에 더욱 빠르게 적응해야 할 것이다.

제작 협업 구조의 변화

AI 도구의 등장으로 광고대행사, 미디어, 광고주 사이의 협업 방식에도 새로운 변화가 일고 있다. 전통적으로 광고주는 캠페인 기획과 영상 제작을 광고대행사와 프로덕션에 의존해 왔다. 하지만 앞으로는 AI로 할 수 있는 일이라면 광고주가 더 이상 광고대행사에 맡기지 않고 사내에서 처리하게 될 것으로 전망되고 있다(박정한, 2025). 이를 의식하여 글로벌 광고대행사 그룹들은 앞다퉈 AI 역량을 강화하고 있다. 예를 들어 WPP는 구글과 제휴하여 AI 기반 광고 마케팅 운영 시스템을 도입했고, 다른 글로벌 대행사들 역시 자체 AI 플랫폼을 구축하고 있다(Ribeiro, 2024). 한편, 구글과 메타 등 디지털 플랫폼도 AI 기반 광고 자동 생성 도구를 제공하여 이러한 변화에 뛰어들고 있다. 구글에서는 퍼포먼스 맥스(Performance MAX)라는 기능을, 메타에서는 메타 어드밴티지 플러스(Meta Advantage+)를 선보였는데, 이 도구들은 AI가 실시간으로 예측하여 광고를 바꾸고, 디자인하고 자동으로 완성한다(안재광, 2025).

더불어 기존 산업 질서 밖에서 새롭게 떠오르는 제작 주체도 탄생시키고 있다. 이른바 AI 전문 제작사들이 그 예다. 이들은 처음부터 AI 기술을 핵심 역량으로 삼아 광고 영상과 각종 콘텐츠를 제작하는데, 전통적인 영상 제작사라기보다 기술 스타트업에 가까운 형태로 운영된다. 예를 들어 국내의 디오비스튜디오는 사람 대신 가상인간을 활용한 영상을 전문적으로 만들어 KB라이프 광고를 선보이기도 했다(장세민, 2023). 즉, 촬영 장비나 실제 세트 없이도 데이터와 알고리즘만으로 광고 영상을 만들어 내는 새로운 생태계가 열리고 있다. AI 발전으로 인해 광고 제작 과정 자체가 소프트웨어 개발에 가까운 양상으로 진화하고 있다.

이러한 변화는 광고대행사와 제작자의 역할에 대한 존재 이유를 묻는다. 브랜드-대행사-미디어 간 경계가 유연해지고 있고, 제작 과정의 구분 자체도 흐려지고 있다. 현재도 기술이 급속도로 발전하고 있기 때문에 변화는 계속될 것으로 보이지만, 한 가지 확실한 점은 과거의 역할로는 업을 지속하기 어려울 것이라는 점이다.

참고문헌

김민석(2025.8.29). ““포토샵 어쩌나”… 구글 이미지AI ‘나노 바나나’에 SW업계 충격”. 뉴스1. https://www.news1.kr/it-science/general-it/5893960

박정한(2025.7.11). “AI 돌풍에 전통 광고산업 흔들… WPP 실적 하락, 디지털 광고 75% 돌파”. 글로벌이코노믹. https://m.g-enews.com/view.php?ud=20250711070808 4254fbbec65dfb_1

장세민(2025.5.30). “[AI&빅데이터쇼] ‘윤여정 얼굴 복원’ 디오비스튜디오, 버추얼 휴먼 기술 공개”. AI Times. https://www.aitimes.com/news/articleView.html?idxno=151390

전미준(2024.12.16). ““틀려라, 트일 것이다” … 스픽, AI 신해철 목소리 담은 신규 캠페인 티저 공개”. 인공지능신문. https://www.aitimes.kr/news/articleView.html?idxno=33252

Alpha Avenue.(2024.7.19). Laszlo Gaal. https://alphaavenue.ai/en/spotlights/laszlo-gaal/

Hiken, A.(2023.5.9). Carvana gifts AI-generated video histories to car-owning customers. Ad Age. https://adage.com/article/digital-marketing-ad-tech-news/carvana-gifts-ai-generated-video-histories-car-owning-customers/2493301/

IAB(Interactive Advertising Bureau)(2025.7.15). Nearly 90% of advertisers will use Gen AI to build video ads, according to IAB's 2025 Video Ad Spend & Strategy Full Report. https://www.iab.com/news/nearly-90-of-advertisers-will-use-gen-ai-to-build-video-ads/
Ribeiro, L.(2024.8.5). Generative AI has its sights set on advertising, film, and TV – so what next?. Forbes Australia. https://www.forbes.com.au/news/innovation/openai-sora-what-does-it-mean-for-the-future-of-media/
Zhang, R., et al.(2025). Generative AI for film creation: A survey of recent advances. arXiv. https://arxiv.org/abs/2504.08296

03
AI 아이데이션과 프리 프로덕션

비주얼 콘셉트와 스토리보드 제작에 관한 광고 제작자의 능력은 그림 실력의 영역에서 상상력과 연출력의 영역으로 이동하고 있다. 즉, 얼마나 잘 그리느냐가 아니라 얼마나 구체적이고 창의적으로 원하는 장면을 묘사하고, 생성된 수많은 결과물 중에서 최상의 이미지를 선택하여 영상의 흐름을 구성할 수 있느냐다.

인공지능과 편향?

아이디어 큐레이션

일반적으로 아이데이션(Ideation)은 크리에이티브 디렉터와 아트 디렉터, 카피라이터 등이 모여 브레인스토밍을 통해 만들어 나간다. 제한된 시간과 정보 속에서 독창적인 아이디어를 떠올려야 하는 압박감은 광고 제작자에게 큰 부담이자 숙제다(Dilhara, 2025). 그러나 AI는 이 과정을 생산에서 탐색으로 전환하고 있다.

이러한 변화의 핵심은 '창조에서 큐레이션으로'의 패러다임 전환에 있다. 과거 제작자의 역량이 무에서 유를 만드는 창조에 있었다면, 이제는 AI가 제시하는 수백 개의 아이디어 중에서 옥석을 가려내고 발전시키는 큐레이션 능력이 중요해졌다(Budd, 2024). 즉, 아이디어를 빠르게 탐색하고 그중 좋은 아이디어를 큐레이션 하는 방식이다. 이는 단순히 속도의 문제가 아니라, 아이디어의 양이 질을 담보할 수 있는 새로운 환경이 열렸음을 의미한다. 광고 제작자는 AI가 생성한 수많은 선택지를 바탕으로 더 넓은 창작의 영역을 탐색하고, 인간 고유의 직관과 경험을 통해 최적의 아이디어를 선별하는 전략가이자 큐레이터의 역할을 수행하게 된다.

아이디어 개발은 AI와 대화하는 방식으로도 가능하다. 예를 들어, AI가 제시한 초기 아이디어 중 흥미로운 방향을 발견하면 "그 아이디어와 비슷한 걸 더 보여 줘(More)" 또는 "제품이 등장하지 않는 아이디어로 좁혀 줘(Less)"와 같은 방식으로 대화를 이어가며 아이디어를 구체화하고 발전시킬 수 있다. 이 과정은 단선적인 아이디어 도출이 아니라, AI와 인간이 서로 영감을 주고받으며 아이디어를 함께 쌓아 올리는 유기적인 협업에 가깝다.

국내 광고업계에서도 AI를 아이데이션에 활용하는 움직임이 나타나고 있다. 예를 들어 SK텔레콤은 다년간 축적한 마케팅 데이터를 바탕으로 최적의 카피 문안을 생성하는 'AI 카피라이터' 서비스를 선보였다(SK텔레콤, 2024). 사용자가 원하는 스타일에 맞게 광고 문구를 제안하는 방식으로 초안 작성에 드는 시간을 크게 단축할 수 있다. SK텔레콤은 'AI 디자이너' 서비스도 준비 중인데, 이러한 행보는 광고 기획 단계부터 텍스트와 시각 콘텐츠 제작에 AI를 전면 도입하려는 전략으로 해석된다.

하지만 AI로 개인의 창의성이 향상되지만, 생성된 결과물이 서로 유사하여 다양성은 감소한다는 연구도 있다(Doshi & Hauser, 2024). 따라서 본질은 AI를 사용하더라도 어떤 의도와 목적으로 어떤 아이디어를 고를지에 대한 생각이 중요하다. 결국 AI 시대에 인간의 역할은 좋은 질문을 던지고, AI가 제시한 무한한 가능성 속에서 전략적 통찰력으로 최선의 경로를 선택하는 것이다.

비주얼 콘셉트 구상과 스토리보드

과거에는 아트 디렉터가 손으로 콘셉트 스케치를 그리거나 일일이 사진 자료를 찾아 무드보드나 스토리보드를 제작했다. 이제는 미드저니나 스테이블 디퓨전과 같은 AI 도구를 이용하여 프롬프트를 입력하면 원하는 분위기의 시각물이 출력된다. 이를 통해 제작팀은 초기 콘셉트 아트부터 스토리보드 컷까지 필요한 이미지를 손쉽게 얻을 수 있다. 아이디어를 즉각적으로 시각화하여 팀원 및 광고주와 명확한 이미지를 공유하고, 피드백을 통해 빠르게 콘셉트를 수정해 나갈 수 있다. 실제로 글로벌 인플루언서 에이전시 빌리언 달러 보이(Billion Dollar Boy)의 크리에이티브 담당자인 헨리 크리스프(Henry Crisp)는 AI로 가상의 캐릭터 콘셉트 아트를 만들어 광고주에게 제안함으로써, 과거엔 말로 설명하기 어려웠던 추상적인 아이디어를 이해시켰다(May, 2024).

대규모 캠페인뿐만 아니라 단기 프로모션이나 소셜미디어 콘텐츠 제작에서도 AI 기반 비주얼 생성이 시간과 비용을 절감하는 효과적인 방법임을 보여준다. 국내 이커머스 플랫폼 11번가는 여름 프로모션 기간에 AI 이미지를 적극적으로 활용하여 빠르게 대응하였다(Fast Campus, 2023). 따라서 계절성 상품 광고나 소셜미디어 콘텐츠, 갑작스러운 이슈 대응의 경우 더욱 활발하게 사용될 것으로 보인다.

정리하면, 광고 제작을 구체화하는 단계인 비주얼 콘셉트 개발과 프리 프로덕션에서 AI를 통해 소요되는 노력과 시간을 크게 줄여줄 수 있다. 다만 AI가 만들어 낸 화면이 맥락에 맞는지, 브랜드의 정체성과 조화되는지를 판단하고 보완하는 일은 여전히 사람의 몫이다. AI가 제시하는 수많은 비주얼 중 적절한 것을 선택하고 수정을 가하는 과정은 인간의 안목과 경험이 절대적이다.

프롬프트 엔지니어링

AI로부터 양질의 비주얼을 얻기 위해서는 '프롬프트 엔지니어링(Prompt Engineering)'이 필수적이다. 즉 프롬프트의 구체성이 곧 통제력이다. 대상의 형태, 재질, 문양, 장식, 상징 요소 등까지 서술해 해석의 여지를 좁힐수록 결과가 안정된다. 이를테면 "자동차"처럼 추상적인 지시보다는 "은빛 메탈릭 도장을 입힌 전기 세단, 유려한 곡선의 차체와 공기 역학적 디자인, 얇은 풀 LED 헤드라이트, 낮게 깔린 차체와 20인치 알로이 휠, 파노라마 글

래스 루프 장착"처럼 재질, 디테일, 상태를 함께 적시하면 구성과 조명에서 불필요한 변동이 줄어든다. 색상은 기본색과 보조색을 구분하여 제시하고 빛의 성격(직사광, 난반사, 림라이트 등)과 시간대(새벽, 석양 골든아워 등)를 함께 기재하면 톤과 무드가 재현된다.

반복 과정에서 캐릭터가 달라지는 문제는 일관성 가이드를 제시하여 해결한다. 이름, 연령대, 체형, 안면 비율, 눈코입의 형태, 헤어스타일, 고유 소품, 착장 규칙, 포즈 범위 등을 캐릭터 가이드로 정리한다. 세션이 길어져 변형이 누적되면 새 대화를 열어 맥락을 초기화하고 해당 가이드를 첫 메시지로 다시 입력한다. 이후 수정 지시는 "모든 속성은 유지하되 시선만 좌측 하단으로 이동"처럼 변경 범위를 최소 단위로 좁혀 전달하면 일관성을 유지할 수 있다.

맥락과 의도를 먼저 설명하는 것도 중요하다. 목적(디지털 사이니지용, 옥외 대형 인쇄용 등), 대상 타깃, 사용 매체, 전달해야 할 분위기(미니멀, 첨단 등)를 명시하면, 동일한 주제라도 목적에 맞게 출력된다. "로고를 만들어 달라"는 지시보다 "고급 미니멀리스트 전기차 브랜드의 로고, 얇은 획과 넓은 여백, 저채도, 인쇄 시 엠보싱 적용 가능성 고려"처럼 제약과 활용 시나리오를 함께 제공하는 것이 좋다.

카메라 조작 프롬프트를 사용하면 구도 제어력이 높아진다. 와이드 앵글(Wide-angle)로 공간 왜곡을 활용할지, 매크로(Macro)로 질감에 몰입할지, 로 앵글(Low angle)로 피사체를 장엄하게 보이게 할지, 인물은 85mm 포트레이트 렌즈(85mm Portrait Lens) 구간의 원근 압축으로 단정하게 정리할지, 더치 앵글(Dutch Angle)로 긴장감을 부여할지 등을 미리 결정한다. 숏 사이즈(클로즈업, 미디엄, 풀), 시점(아이레벨, 버드아이, 웜아이), 셔터 속도에 따른 모션 블러(Motion Blur)의 유무, 조리개 값에 따른 피사계 심도, 광원 위치(톱, 백, 사이드)까지 입력하면, 결과물은 단순한 예쁜 그림을 넘어 의도를 반영한 비주얼로 완성된다.

가로세로 비 또한 중요하다. 많은 AI 모델은 입력된 이미지의 비율을 그대로 보존하려 한다. 하지만 환경에 따라 비율이 달라질 수 있으므로 프롬프트에 "입력 비율을 변경하지 말 것"을 명시하고, 필요한 경우 원하는 비율의 참조 이미지를 함께 제공한다. 서로 다른 가로세로 비의 이미지를 여러 장 업로드할 때는 도구에 따라 마지막 참조의 비율을 따르는 등 규칙이 다를 수 있으므로, 원하는 최종 비율을 고정해 주는 편이 안전하다. 특정 매체(9:16 세로, 1:1 정방형, 2.39:1 시네마스코프 등)라면 픽셀 해상도와 절단 안전 영역까지 함께 지정한다.

생성 과정은 본질적으로 반복과 미세 조정의 사이클이다. 첫 결과를 정답으로 기대하기보다, 모델의 대화형 특성을 활용해 작은 변화만 검증한다. "전체 구성은 유지하고 색온도만 500K 정도 따뜻하게"처럼 하나의 변수만 바꾸면 원인과 결과를 추적하기 쉬워지고 비일관성이 감소한다.

이와 같이 절차적이고 구체적인 프롬프트는 의도를 AI에게 정확히 전달하고 수정이 거듭되어도 일관성을 유지하는 방법이다. 이는 AI 도구를 다루는 기술적 능력뿐만 아니라 창의적 방향을 설정하는 전략적 사고를 요구한다. 따라서 비주얼 콘셉트와 스토리보드 제작에 관한 광고 제작자의 능력은 그림 실력의 영역에서 상상력과 연출력의 영역으로 이동하고 있다. 즉, 얼마나 잘 그리느냐가 아니라 얼마나 구체적이고 창의적으로 원하는 장면을 묘사하고, 생성된 수많은 결과물 중에서 최상의 이미지를 선택하여 영상의 흐름을 구성할 수 있느냐다.

참고문헌

SK텔레콤(2024.8.27). "[AI 만·사] AI로 마케팅의 미래를

만들어가다, AI Marketing 사업팀 최상아 님". SK텔레콤 뉴스룸. https://news.sktelecom.com/206622

Fast Campus(2024.2.27). "ai가 만든 광고, 여기 다 모였다!". https://media.fastcampus.co.kr/insight/ai_creative/aiad1/

Budd, A.(2024.11.21). The future of design: How AI is shifting designers from makers to curators. UX Magazine. https://uxmag.com/articles/the-future-of-design-how-ai-is-shifting-designers-from-makers-to-curators

Dilhara, C.(2025.4.28). From creation to curation: How human creativity evolves with technology. Medium. https://chamodidilhara1998.medium.com/from-creation-to-curation-how-human-creativity-evolves-with-technology-9b59b1a2c86c

Doshi, A. R. & Hauser, O. P.(2024.7.12). Generative AI enhances individual creativity but reduces the collective diversity of novel content. *Science Advances, 10*(28), eadn5290. https://doi.org/10.1126/sciadv.adn5290

May, T.(2024.2.27). Special report: How design agencies are actually using AI in 2024. Creative Boom. https://www.creativeboom.com/insight/special-report-how-design-agencies-are-using-ai-in-2024/

Tomaselli, A. & Acar, O. A.(2024.9.19). How GenAI changes creative work. MIT Sloan Management Review. https://sloanreview.mit.edu/article/how-genai-changes-creative-work/

04
AI 네이티브 프로덕션

영상 광고를 만들기 위해 카메라로 실제 장면을 찍거나 3D로 만드는 것이 필수였다. 그러나 AI 기술 발전으로 이러한 과정을 생략하더라도 영상을 제작할 수 있는 'AI 네이티브 프로덕션(AI Native Production)'이 생겨나고 있다.

청각장애인과 AI?

촬영 없이 AI로 영상 생성

영상 광고를 만들기 위해 카메라로 실제 장면을 찍거나 3D로 만드는 것이 필수였다. 그러나 AI 기술 발전으로 이러한 과정을 생략하더라도 영상을 제작할 수 있는 'AI 네이티브 프로덕션(AI Native Production)'이 생겨나고 있다. 기술이 급격히 발전하는 와중이기 때문에 영상 제작의 워크플로가 일반화되지는 않았지만, 가장 기본은 AI 도구를 사용하는 것에서부터 시작한다.

소라(Sora)는 이러한 텍스트 입력만으로 최대 1080p 해상도에 20초 길이까지의 사실적인 동영상을 생성할 수 있으며, 생성된 영상의 부분 수정이나 재구성도 가능하다. 소라는 기존 촬영 영상을 편집하듯이 원하는 부분을 바꾸는 리믹스(Remix) 기능, 타임라인상에 프롬프트를 배열해 장면을 구성하는 스토리보드 기능 등을 제공하여 비교적 긴 시퀀스의 영상도 여러 숏으로 구성할 수 있다.

런웨이(Runway ML)는 2022년 세계 최초로 공개된 AI 동영상 생성 모델로, Gen-2와 Gen-3로 진화하면서 이미지 입력과 텍스트를 조합하여 영상을 뽑아내는 기능, 세밀한 동작 제어 기능을 갖추었다. 특히 Gen-3에서는 사용자가 이미지나 텍스트를 영상의 시작/중간/끝 지점으로 지정해 스토리 흐름을 통제하고, 세로 영상과 가로 영상 비율을 AI가 자동 확장(Outpainting)하는 기능도 선보였다. 할리우드 스튜디오 라이온스 게이트(Lionsgate)는 런웨이와 파트너십을 맺어 이 기술을 도입하기도 했다(Masunaga & Lee, 2024).

구글의 비오 3(Veo 3)는 영상과 음향을 동시에 만들어 낸다. 단순히 장면을 생성하는 데 그치지 않고 인물의 대사, 배경 음악, 효과음까지 영상과 정밀하게 동기화해 완전한 결과물을 제공한다. 이를 통해 광고 영상 제작 과정에서 촬영과 편집, 사운드 디자인을 각각 별도로 진행할 필요가 줄어들어 짧은 시간 안에 완성도 높은 광고 영상을 생산할 수 있다.

이 밖에도 광고 카피는 챗지피티(ChatGPT)나 클로드(Claude)를 사용할 수 있고 음악을 생성하는 수노(Suno), AI가 생성한 비주얼을 개선하기 위해 포토샵 및 애프터 이펙트도 활용할 수 있다.

이처럼 다양한 AI 도구가 등장하면서 일반인도 1분 내외의 짧은 광고 영상을 AI로 시도해 볼 수 있는 환경이 형성되고 있다. 다만 현재의 AI 영상 생성에는 제약과 한계도 따른다. 생성 시간당 처리해야 하는 데이터가 막대하므로 영상 길이를 제한하는 경우가 많고, 완전히 사실적인 인물 표현이나 복잡한 장면에서는 부자연스러운 결과가 나타나기도 한다.

그럼에도 일부 기업들은 이 촬영 없는 AI 광고의 가능성을 실험적으로 활용하기 시작했다. 2025년 6월에는 미국의 투자 플랫폼 기업 칼시(Kalshi)가 NBA 결승전 생중계 시간에 순수 AI로 만든 광고를 선보였다. 이 광고는 구글의 비오 3를 이용해 23일 만에 제작되었으며 약 2000달러만 제작비로 소요되었다고 한다. 광고 내용은 카우보이모자를 쓴 노인이 치와와를 안고 있다가 갑자기 달걀 더미 속에서 수영을 하고, 외계인이 맥주를 들이켜는 등 다소 황당무계한 장면의 나열이지만, 바로 그런 초현실적 연출이 온라인상에서 주목을 끌었다(Roth, 2025).

스포츠 브랜드 푸마(Puma)는 2025년 3월 AI 광고 영상을 공개하기도 했다. 수백 개의 AI 에이전트(AI Agent)가 아이디어 구상부터 대본 작성, 비디오 합성까지 전 과정을 사람 개입이 최소화한 상태로 진행한 1분짜리 광고를 선보였다. 이 광고에서는 여러 개의 AI가 협업하듯 서로 결과물을 주고받으며 최종 영상을 다듬는 방식을 취했으며, 약 5주간 제작이 진행되었다고 한다. 결과물은 전형적인 스포츠 브랜드 광고처럼 역동적이면서도 몇몇 인물의 손가락이 과잉 생성되는 등 AI 특유의 오류도 포함되어 있었다. 푸마는 이를 하나의 프로토타입으로 삼아, 향후 다양한 마케팅 콘텐츠에 AI 주도 제작 파이프라인을 활용하는 방안을 모색 중이라고 밝혔다(Hiken, 2025).

요약하면, 촬영 없는 AI 네이티브 프로덕션은 이제 현실화 단계에 접어들었다. 프롬프트만 넣으면 짧은 영상 클립이 자동 생성되고, 적은 인력과 비용으로도 실험적인 광고를 만들어 낼 수 있다. 완전히 AI가 만든 영상이 아직 인간 감독의 섬세한 연출이나 배우의 미묘한 표정을 모두 대체하진 못하지만, 브랜드들이 이에 관심을 가지고 일부 캠페인에 도입하기 시작한 것은 주목할 만하다. AI만으로 제작된 광고는 새로운 가능성을 보여주고 있으며 앞으로 기술이 개선됨에 따라 이러한 AI 네이티브 프로덕션은 더욱 효율화된 워크플로와 생산성을 가질 것으로 보인다.

실사 촬영과 AI의 하이브리드 제작

현재 광고 제작에서 가장 현실적인 AI 활용 방식은 실사 촬영과 AI 생성 소스를 결합하는 하이브리드(Hybrid) 제작 방식일 것이다. 이는 실제 배우나 제품을 촬영한 후,

AI 기술을 활용해 배경을 교체하거나 가상의 인물을 추가하는 식으로 영상을 만들어 낸다. 하이브리드 제작은 전통적인 시각 효과(VFX) 작업과 유사하지만, AI 도입으로 많은 단계가 자동화되고 융합되고 있다는 점이 차별화된다.

우선 배경 합성 및 교체 작업은 AI의 도움을 크게 받는 분야다. 예를 들어, 이전까지는 촬영한 인물을 다른 배경과 합성하려면 먼저 크로마키(녹색 스크린) 촬영 후, 별도로 제작한 배경과 매치해야 했다. 이제는 AI로 인물과 배경을 자동 분리하고, 분리된 배경을 AI가 새로운 장면으로 대체해 주는 것이 가능해졌다. 런웨이도 배경 제거 기능을 제공하여 별도의 스크린 없이 피사체를 분리할 수 있게 했고, 소라는 사용자가 텍스트로 배경 변경 요청을 하면 영상의 배경 요소를 인식해 다른 풍경으로 바꾸는 리믹스 기능을 선보였다.

AI 생성 배경은 실시간 가상 프로덕션과도 결합되고 있다. 디즈니 영화 만달로리안(The Mandalorian) 같은 작품 이후로 각광받는 LED 월(LED Wall)과 같은 가상 촬영 기법은 배경을 3D 세계로 보여준다. 여기에 AI를 접목하면 카메라 움직임에 따라 AI가 보완한 배경을 투사하거나, 촬영 중 감독의 지시에 따라 배경 디자인을 바꾸는 것이 가능하다(Multimedia Marketing Group, 2025). 또한 AI는 촬영 현장의 조명을 분석하여 변경 사항을 제안하거나, VFX 프로세스의 추적을 지원할 수도 있다(Ginette, 2025). 예를 들어 자동차 광고를 LED 월 세트장에서 찍으면서, 배경 도로의 풍경을 AI가 실시간으로 야경에서 주간 도시로 변환시키며 다양한 컷을 얻을 수 있다. AI는 카메라 피드백을 분석해 가상 배경의 원근과 조명을 자동 조정하기 때문에, 라이브 액터와 디지털 배경 간의 부조화도 줄어든다. 이러한 점은 촬영 단계에서부터 최종 결과에서 어떻게 보일지에 대해 실시간으로 확인하면서 조명이나 구성을 조정할 수 있게 해준다. 결과적으로 프로덕션과 포스트 프로덕션 단계 간의 경계가 허물어져, 광고 제작 프로세스가 훨씬 유연해진다.

더불어 GAN 기반 합성 기술은 실제 인물의 외형, 움직임, 표정을 정교하게 재현할 수 있게 했다. 이러한 기술은 단순한 복제 차원을 넘어, 실제 촬영한 소스와 결합하여 새로운 장면을 만들어 내는 하이브리드 제작 방식을 가능하게 한다. 일례로 언더아머(Under Armour)의 'Forever Is Made Now' 캠페인이 있다. 이 캠페인은 복싱 챔피언 앤서니 조슈아(Anthony Joshua)를 모델로 했지만, 중요한 경기를 앞둔 그의 훈련 일정 때문에 새로운 촬영이 불가능한 상황이었다. 제작팀은 전에 촬영된 조슈아의 영상 소스와 AI로 생성한 초현실적인 배경 및 시각 효과를 결합하는 하이브리드 방식을 택했다. 이를 통해 선수 없이도 새로운 영상을 제작했으며, 기획부터 납품까지 단 4주 만에 프로젝트를 완료했다(Communication Arts, n.d).

참고문헌

Communication Arts.(n.d.). Under Armour "Forever is Made Now" campaign. https://www.commarts.com/exhibit/under-armour-forever-is-made-now-campaign

Ginette, B.(2025.8.18). How AI is transforming the creative landscape of film and television production. Awards Radar. https://awardsradar.com/2025/08/18/how-ai-is-transforming-the-creative-landscape-of-film-and-television-production/

Hiken, A.(2025.3.19). How Puma used AI agents to create an ad from scratch. AdAge. https://adage.com/article/digital-marketing-ad-tech-news/puma-uses-ai-agents-create-ad-agency-monks/2605866/

Masunaga, S. & Lee, W.(2024.9.18). 'Hunger Games' studio Lionsgate to partner with AI company. Los Angeles Times.

https://www.latimes.com/entertainment-arts/business/story/2024-09-18/hunger-games-studio-lionsgate-to-partner-with-ai-company

Multimedia Marketing Group.(2025.5.27). The transformative impact of generative AI on computer-generated imagery in filmmaking.
https://mmg-1.com/the-transformative-impact-of-generative-ai-on-computer-generated-imagery-in-filmmaking/

Roth, E.(2025.6.13). Here's the $2,000 fully AI-generated ad that aired during the NBA Finals. The Verge.
https://www.theverge.com/news/686474/kalshi-ai-generated-ad-nba-finals-google-veo-3

05
AI 포스트 프로덕션

그럼에도 AI의 이점은 분명하다. 반복적인 작업을 최소화하여 인간은 더 높은 수준의 창의적 연출에 집중할 수 있고, 예산이나 시간 제약으로 광고 제작을 망설였던 이들도 AI의 도움을 받아 결과물을 얻을 수 있다.

AI 콘텐츠 크리에이터?

AI 기반 자동 편집과 재구성

AI가 촬영본을 분석해 어떤 부분을 활용할지 제안하고 자동으로 편집하여 제작자의 작업을 덜 수 있게 됐다. 예를 들어 AI가 영상 장면, 화자, 감정 등을 인식하여 클립을 추출하거나, 부자연스러운 공백과 실수를 제거하는 등의 1차 편집을 맡을 수 있다. 이러한 AI 활용은 편집 작업의 품질을 유지하면서도 속도를 높여준다. 또한 숙련되지 않은 이들도 영상 제작을 시도하도록 허들을 낮춰줄 수 있다.

편집 도구인 어도비(Adobe)의 프리미어 프로는 AI 기반의 센세이(Sensei) 엔진이 탑재되어 여러 자동화 기능을 제공한다. 예를 들어 장면 전환 감지(Scene Edit Detection)는 영상 파일을 넣으면 어디에서 컷이 바뀌는지 AI가 분석해 타임라인에 표시한다. 또 자동 리프레임(Auto Reframe) 기능은 세로형, 가로형 등 화면 비율이 다른 플랫폼에 맞추어 영상을 자동으로 잘라 재구성한다. 인물이나 주요 피사체를 추적해 화면 중앙에 오도록 재구성하기 때문에 일일이 수동으로 편집할 필요가 없어진다.

더 나아가 AI 에이전트(AI Agent) 기술을 이용해 편집과 영상 제작이 더욱 발전할 전망이다. 일례로 2025년 발표된 원더(Wonder)는 대화형 인터페이스를 가진 AI 에이전트로 사용자와 AI의 대화를 통해 편집 소프트웨어나 기술적 이해도가 없어도 영상 편집 및 제작을 할 수 있도록 했다(Wondercraft, 2025). 이러한 AI의 발전은 앞으로 심화할 것으로 전망되기 때문에, 전문가가 아니더라도 더욱 빠르고 쉽게 영상 편집을 할 수 있게 될 것이다.

물론 현재의 AI 편집에는 한계도 존재한다. AI는 기술적으로 정확한 편집이 가능하지만, 영상의 창의적인 흐름이나 감성적 맥락까지 스스로 판단하기는 어렵다. 한 예로 어도비의 영상 마케팅 디렉터는 생성형 AI 편집 도구는 인간이 지시한 대로 반응할 뿐, 어느 컷이 좋은지 스스로 구분하거나 미묘한 차이를 알 수 없다고 지적했다(Saccone, n.d.). 실제 편집 작업에서는 의도적인 리듬이나 감정선 고려 등 정량화하기 어려운 결정이 많은데, 이런 부분에서 AI의 편집은 한계가 있다. 이러한 미적인 격차는 AI 편집 기술이 향후 극복해야 할 과제이며 인간의 역할이 중요한 이유 중 하나다.

그럼에도 AI의 이점은 분명하다. 반복적인 작업을 최소화하여 인간이 더 높은 수준의 창의적 연출에 집중할 수 있게 하고, 예산이나 시간 제약으로 광고 제작을 망설

였던 이들도 AI의 도움을 받아 결과물을 얻을 수 있다.

AI 시각 효과

영상의 시각 효과(VFX)와 후반 그래픽 작업 분야에서도 AI가 빠르게 영향력을 넓히고 있다. 전통적으로 노동 집약적이었던 작업이 AI 도구로 자동화되면서 제작 파이프라인 전반에 효율성이 향상되고 있다. 대표적인 예가 로토스코핑(Rotoscoping), 트래킹(Tracking), 클린업(Clean-Up) 등의 작업이다. 로토스코핑과 트래킹은 AI를 통해 영상의 요소를 자동으로 추적하고 분리하여 작업 시간을 줄인다. 이는 CGI 요소를 실사 영상에 자연스럽게 결합하는 과정을 단축하는 효과를 가져온다. 또한 전선이나 장비 흔적을 제거하는 클린업 작업도 AI의 도움으로 훨씬 간편해지고 있다.

영상 품질 개선에서도 업스케일링(Upscaling), 노이즈 감소, 프레임 보간(Motion Interpolation) 등과 같은 기술이 사용된다. 업스케일링 기술로 낮은 해상도의 영상을 고해상도로 변환하면서도 세밀한 질감을 추가할 수 있으며, 불필요한 노이즈를 제거해 중요한 디테일을 보존한다. 나아가 프레임 보간은 기존 영상에 새로운 프레임을 생성하여 부드러운 슬로 모션이나 고프레임 변환을 가능하게 한다. 이 과정은 단순한 보정이 아니라 영상의 미학적 경험을 확장하는 도구로 기능하고 있다.

더 나아가 AI는 영상 에셋 생성과 조작 영역에서도 가능성을 열고 있다. 텍스처를 자동으로 생성하거나, 2D 이미지에서 3D 모델을 구축하는 기술은 제작자의 작업 속도를 빠르게 한다. 예를 들어 NeRF(Neural Radiance Fields) 기술은 2차원 이미지들을 학습하여 해당 장면의 3차원 구조와 각 점의 정보를 추정한다. 또한 AI 기반의 캐릭터 애니메이션은 표정과 신체 움직임을 더 자연스럽게 재현한다. 이와 함께 시뮬레이션 및 입자 시스템에서도 AI는 유체 역학 계산을 단순화하거나 군중 행동을 사실적으로 예측하는 데 활용되고 있으며, 날씨 효과 역시 이전보다 더 다이내믹하고 사실적인 형태로 구현할 수 있게 되었다.

색채를 다루는 영역에서도 AI는 새로운 가능성을 제시하고 있다. 색 보정(Color Grading) 과정에서 AI는 스타일 전이를 통해 특정 영상의 시각적 톤을 다른 영상에 손쉽게 적용할 수 있게 하고, 자동화된 컬러 매칭으로 CGI와 실사 영상의 통일성을 높인다. 다빈치 리졸브(DaVinci Resolve) 등의 전문 영상 도구에도 이러한 AI 기능이 도입되어, 촬영 조건이 다른 여러 카메라의 영상을 일관되게 만드는 작업을 돕는다. 또한 사전 정의된 스타일이나 참조 이미지를 기반으로 색 보정을 제안하거나 특정 색상만을 변경할 수 있는 기능이 개발되고 있어 앞으로 더욱 효율성을 올릴 수 있을 것으로 예상된다.

다만 현재 AI는 프레임 간 일관성 유지라는 과제가 남아 있다. 객체의 모양이나 배경이 불안정하게 흔들리는 경우가 많다. AI는 장면의 시간적 연결성을 아직 완벽히 이해하지 못해 더 긴 영상을 만들기 위한 학습과 생성에는 기하급수적인 데이터와 연산량이 필요하다(Gu et al., 2025). 따라서 당분간은 AI가 광고 제작에서 부분 효과나 보조적인 장면 생성에 활용되는 형태가 주류일 것으로 보인다.

AI 사운드 디자인

광고 내레이션이나 더빙에도 AI 목소리가 투입되기 시작했다. 과거 TTS(Text to Speech) 기술은 기계음 티가 많이 났지만, 최근 AI 보이스는 사람과 거의 구분이 어려울 정도로 자연스러운 합성이 가능하다. 대표적으로 일레븐랩스(ElevenLabs)는 수 분 분량의 음성 샘플만 있으면 화자의 음색과 억양을 학습해 임의의 대사를 말하게 하는 보이스 클로닝을 제공한다. 또한 다수의 고품질 AI

보이스를 내장하여 사용자가 성별, 나이, 억양 등을 골라 쓸 수도 있다. 광고주는 성우를 섭외하지 않고도 원하는 목소리 톤을 이용할 수 있다는 장점이 있다. 또한 영어를 비롯해 한국어, 일본어, 스페인어 등 다국어 지원도 빠르게 확장하고 있어 하나의 음색으로 여러 언어 버전을 손쉽게 제작할 수도 있다. 실제로 글로벌 브랜드들은 AI 보이스로 각 지역 광고를 현지 언어로 더빙하거나, 유명인의 목소리를 복제하여 캠페인에 활용하고 있다. 한 예로 2025년 나이키(Nike)는 농구 선수 루카 돈치치(Luka Dončić)의 목소리를 AI로 복제해 여러 언어로 바꾸어 광고에 활용했다(Frąckiewicz, 2025). 고인의 목소리를 부활시키거나 특정 인물 목소리를 무단 도용하는 건 엄격히 제한되지만, 브랜드 자체 캐릭터의 음성을 AI로 만들어 내는 등의 활용은 증가할 전망이다.

효과음(SFX) 제작에도 AI가 활용된다. 예를 들어 어도비는 최근 생성형 사운드 효과 기능을 공개하였는데, 사용자가 텍스트를 입력하면 해당 효과음을 AI가 합성하는 기술이다. 이는 광고 영상의 필요한 소리를 검색하고 편집하는 시간을 단축할 것으로 기대된다. 또한 앰비언트 사운드(Ambient Sound)를 AI가 상황에 맞춰 생성하는 기술도 대두되고 있다. 삼성전자는 무선 청소기 제품 광고에서 바닥 재질별 청소기 흡입 소리를 AI가 분석해 광고에 사용했다(배한님, 2023).

광고 음악은 과거에는 작곡가에게 의뢰하거나 라이선스 음원을 구매해서 사용했다. 이제는 AI 작곡 도구를 활용해 필요한 분위기의 음악을 즉석에서 만들어 내는 것이 가능해졌다. 사용자가 선택한 길이, 장르, 분위기 태그에 맞춰 곡을 생성한다. 예를 들어, 프랜차이즈 업체 굽네치킨은 AI로 전체 광고 음악을 제작하였다. 이 광고는 가사 작성, 작곡, 노래까지 전 과정에서 AI를 활용하였고, 수십 개의 데모를 생성하여 광고에 가장 어울리는 버전을 최종 선택했다(AI 매터스, 2025).

종합해 보면, 광고 제작자는 AI로 원하는 음악과 음성을 빠르게 확보할 수 있다. 다만 인간의 목소리에는 사람만이 가진 매력이 있다는 점을 간과하지 말아야 한다. AI 사운드가 발전해도 소비자는 미묘한 차이로 인간미를 감지할 것이다. 따라서 AI 도구의 편의와 전문 성우 및 음악가의 감성을 잘 조합해야 한다.

참고문헌

배한님(2023.7.10). “광고 문구부터 영상·배경음악까지… “모두 AI가 만들었다””. 머니투데이.

https://news.mt.co.kr/mtview.php?no=2023071014471682159

AI 매터스.(2025.3.6). "[리얼 캠페인 탐구] 굽네(Goobne): AI 음원 활용해 만든 '여름엔 굽네 고마오(Go Ma, O!)' 광고". MADTimes. https://www.madtimes.co.kr/news/articleView.html?idxno=23337

Frąckiewicz, M.(2025.7.12). AI Voice Clones Are Taking Over – Inside the Synthetic Voice Revolution of 2025. TS2. https://ts2.tech/en/ai-voice-clones-are-taking-over-inside-the-synthetic-voice-revolution-of-2025/

Gu, Y., et al.(2025). Long-Context Autoregressive Video Modeling with Next-Frame Prediction. arXiv:2503.19325.

Saccone, P.(n.d.). How Generative AI Could Help Empower the Next Generation of Diverse Storytellers. Wired Brand Lab. https://www.wired.com/sponsored/story/how-generative-ai-could-help-empower-the-next-generation-of-diverse-storytellers/

Wondercraft.(2025.8.19). Wondercraft unveils Wonda: The first AI agent for content creation. Podnews. https://podnews.net/press-release/wonda-launched-by-wondercraft

06
AI와 가상 인간

가상 인간은 AI 기술과 결합하여 한 단계 더 진화할 것으로 전망된다. 이제 가상 인간은 실시간으로 사용자와 대화하고 개인의 취향에 맞춰 외모와 말투, 추천 콘텐츠까지 제안하는 초개인화 브랜드 앰배서더로 발전할 것이다.

AI와 민주주의?

가상 인간의 종류

가상 인간(Virtual Human)은 디지털 기술로 만들어진 인간형 캐릭터로, 현실의 사람처럼 보이고 행동하지만 실제 인간이 아닌 존재를 의미한다. 특히 AI 기술 발전으로 이러한 가상 인간은 과거의 3D 애니메이션 캐릭터를 넘어 훨씬 현실적이고 자연스러운 행동이 가능해졌다.

가상 인간은 그 기원과 구현 방식에 따라 몇 가지 유형으로 나눠볼 수 있다. 첫째는 컴퓨터 그래픽(Computer-Generated Imagery, CGI) 기술을 기반으로 만들어진 가상 인플루언서다. 가상 인플루언서는 소셜 미디어에서 활동하는 가상의 캐릭터로 개성과 서사를 갖고 팬과 소통한다(박상권, 2024). 이들은 제작팀이 소셜미디어 계정을 운영하며 일상, 가치관, 관심사 등 구체적인 페르소나를 설정한다. 대한민국의 로지(Rozy)나 글로벌 인플루언서 릴 미켈라(Lil Miquela)가 대표적인 사례다. 2016년에 등장한 릴 미켈라는 패션과 음악 분야에서 활동하며 실제 유명 브랜드와 협업해 연간 약 200만 달러의 수익을 올리고 있다(Hwang et al., 2024). 가상 인플루언서는 컴퓨터 그래픽 기술(CGI)로 만들어지는 경우가 많았지만, 최근에는 AI와 실사 촬영이 혼합된 인플루언서가 등장하였다. AI를 활용한 가상 인플루언서는 기존 방식에 비해 빠르게 제작할 수 있어 온라인상에서 다양한 이슈 대응이 가능하다(박상권, 2024).

둘째는 디지털 트윈(Digital Twins)이나 딥페이크(Deepfakes)와 같이 실제 인물의 외모와 목소리를 AI로 학습하여 디지털로 복제한 형태다. 이는 실제 인물을 본떠서 현실과 똑같이 디지털화하거나 해당 인물이 등장하는 영상이나 이미지를 AI로 학습하여 합성하는 기술이다. 이러한 과정을 통해 마치 그 사람이 실제로 말하는 것 같은 새로운 영상을 만들어 내거나, 광고 영상 속 인물의 얼굴을 바꾸거나, 특정 인물이 하지 않은 말과 행동을 하는 것처럼 보이게 만들 수 있다. 일례로 패션 브랜드 H&M은 2025년 실제 모델 30명의 AI 디지털 트윈을 제작하여 광고와 소셜미디어 캠페인에 활용하였다. 이 디지털 클론은 전통적인 광고 촬영 없이 데이터를 기반으로 실제와 같은 스타일링, 포즈 등을 생성하고 재사용할 수 있다(Gumafelix, 2025). 국내에서는 KB라이프생명의 광고에서 배우 윤여정의 20대 얼굴이 AI로 복원되었다. 윤여정 배우의 예전 작품을 토대로 데이터를 확보하여 AI로 학습하고, 실제 20대처럼 보일 수 있도록 디에이징(De-aging) 기술을 적용했다(박지원, 2023). 이렇게 만들어진 가상 인간은 실제 배우의 촬영이 필요 없는 광고 제작이나 과거 얼굴의 복원 등을 가능하게 한다.

셋째로는 완전히 AI로 창조된 가상 모델이다. 이들은 합성 영상과 음성으로 만들어진 순수 가상 캐릭터로 필요에 따라 얼굴이나 목소리를 창작할 수 있다. 이러한 경우는 지속적인 페르소나를 갖기보다, 캠페인의 콘셉트에 맞춰 단발적으로 생성 및 활용되는 경우가 많다. 2025년 7월, 패션 브랜드 게스(Guess)는 보그(Vogue) 잡지의 광고 캠페인에서 완전히 AI로 생성된 가상 인간 모델을 선보였다. 광고에 등장한 모델은 외모와 포즈, 스타일 모두 인공지능 기반으로 만들어진 가상의 인물로, 실제 존재하지 않는 이름과 배경까지 AI에 의해 설계되었다(Rufo, 2025). 이는 인간 모델 없이도 완전히 창작된 AI 인격체를 만들 수 있다는 가능성을 보여준다. 또한 제작 기간과 비용을 획기적으로 줄일 수 있다는 장점이 있다.

AI 가상 인간의 활용

가상 인간은 광고 영상 제작에서 여러 장점을 가지고 있다. 첫째로 모델에 관한 리스크 관리와 통제가 가능하다. 가상 인간은 실제 존재하지 않기 때문에 사생활 문제나 돌발 행동으로 인한 스캔들 위험이 없다. 따라서 브랜드는 가상 인간의 모든 언행과 이미지를 통제할 수 있게 되고 일관된 브랜드 메시지를 안정적으로 전달할 수 있다.

실제 존재하지 않는다는 점은 시공간 제약도 극복하게 한다. 그에 따라 가상 인간은 24시간 7일 내내 활동할 수 있으며 전 세계 어디에서든 동시에 나타날 수 있다. 이는 글로벌 캠페인을 진행하거나 다양한 지역에 맞춘 현지화 콘텐츠를 제작할 때 큰 이점이 된다.

더불어 영상 제작 비용 효율성을 높일 수 있다. 한번 생성된 가상 인간은 추가적인 모델료나 촬영 경비 없이 다양한 캠페인에 반복적으로 활용할 수 있어 효율적이다. 예를 들어, 신세시아(Synthesia) 같은 서비스는 텍스트-비디오 기술을 통해 쉽게 영상을 제작할 수 있다. 이러한 서비스에서는 가상 배우를 고르고 언어를 선택한 뒤 텍스트 스크립트를 입력하면 AI가 해당 인물이 마치 카메라 앞에서 말하는 것처럼 입 모양, 표정, 목소리를 합성한다. 이러한 방식으로 별도의 촬영 없이도 단 몇 분만에 완성도 있는 광고 영상을 다국어 버전으로까지 대량 생산할 수 있다.

마지막으로 가상 인간은 그 자체로 신선함을 주며 화제성을 높일 수 있다. 특히 이러한 새로움은 소셜미디어 광고 영상 제작에 도움이 될 수 있다. 국내 가상 인간 로지의 경우, 가상 인간임을 밝힌 뒤 인스타그램 팔로어가 1만 명이 더 늘었다. 그 결과 실제 연예인 못지않은 효과를 입증하며 금융, 화장품 등의 광고 계약을 체결하기도 했다(강경희, 2023).

가상 인간의 가능성과 고려 사항

가상 인간은 AI 기술과 결합하여 한 단계 더 진화할 것으로 전망된다. 이제 가상 인간은 실시간으로 사용자와 대화하고 개인의 취향에 맞춰 외모와 말투, 추천 콘텐츠까지 제안하는 초개인화 브랜드 앰배서더로 발전할 것이다(Whittaker et al., 2025). 이는 곧 광고 영상 제작 프로세스 변화를 의미하는데, 인간 모델을 섭외하고 촬영하는 대신 브랜드별로 전속 가상 인간을 두고 개개인에게 다른 광고 영상을 송출하는 형태로 전환될 수 있다.

또한 AI와 여러 다른 기술의 융합을 통해 더욱 극사실적인 가상 인간 제작도 가능할 것이다. 예를 들어, 언리얼 엔진(Unreal Engine)의 메타휴먼(MetaHuman)처럼 실시간으로 랜더링하는 기술은 가상 프로덕션, 실시간 인터랙티브 콘텐츠 등 다양한 광고 영상 제작 분야에서 가상 인간의 활용 범위를 넓힐 것이다(Epic Games, n.d.).

하지만 가상 인간의 활용에 항상 긍정적인 측면만 있지 않다. 광고 영상 제작에서 신중하게 고려해야 할 몇 가지 요소가 있다. 우선 불쾌한 골짜기 현상과 같은 부자연스러움이다. 예를 들어, 일본 맥도날드가 AI 모델을 활용한 광고에서 손가락이 6개로 표현되는 오류를 범하면서 기괴하고 부자연스럽다는 비판을 받았다(박준우, 2024). 불쾌한 골짜기는 인간이 아닌 존재가 인간과 거의 흡사해질 때 오히려 강한 거부감을 느끼는 현상을 의미하며, 이는 가상 인간 제작 시 반드시 고려해야 할 중요한 심리적 장벽이다. 이러한 부자연스러움은 단순히 시각적인 불편함을 넘어, 브랜드에 치명적일 수 있기 때문에 사전에 여러 차례 검수가 필요하다.

다음으로는 투명성의 문제다. 소비자는 점점 AI로 제작된 콘텐츠에 대해 투명한 고지를 요구하고 있다. 한 설문 조사에 따르면, 상당수의 소비자는 AI 사용 여부를 알고 싶어 한다(Cavender, 2025). 가상 인간이 등장하는 광고도 마찬가지로, 그것이 AI 캐릭터임을 숨기기보다 오히려 하나의 콘텐츠 포인트로 삼아 개방적으로 소통하는 편이 바람직하다. 예를 들어, 가상 인간을 사용한 캠페인에서 처음부터 AI로 탄생한 인플루언서임을 밝혀

호기심을 자극하거나, 제작 과정을 공개해 화제성을 제고하는 전략이 효과적일 수 있다.

마지막으로 가상 인간의 페르소나에 대한 고려다. 너무 완벽한 가상 인간은 오히려 소비자에게 기계적인 인상을 남길 수 있으며 이는 감성적 설득이 중요한 광고에서 치명적일 수 있다. 따라서 외모의 사실감 추구와 더불어 적절한 개성 부여가 중요하다. 완벽한 인간의 제작이 아니라, 브랜드에 맞는 페르소나를 지닌 이미지가 도움이 될 것이다. 가상 인간이 일시적 흥미에 그치지 않고 지속적인 브랜드 충성도로 이어지려면 일관된 스토리와 매력이 뒷받침되어야 한다. 이는 전통적인 광고 모델 관리와 유사하면서도 다른 과제다. 단순한 모델 활용이 아니라 캐릭터 개발자의 시각으로 가상 인간의 성격, 말투, 서사 등을 고려하여 지속적으로 소비자와 소통할 수 있어야 한다.

참고문헌

강경희(2023.11.17). "서울 출생, 나이는 영원히 22세… 가상인간 로지의 탄생비화". 조선일보. https://www.chosun.com/national/national_general/2021/08/06/7FEG4VTKYFBTZPT3VEYFZPWKCA/

박상권(2024). "버추얼 인플루언서의 외형과 표현 방식에 관한 분석".

《커뮤니케이션 디자인학연구》, 89, 593~606쪽.
박준우(2024.8.21). "'6개?' 일본 맥도날드 AI 모델의 손가락 논란". 문화일보. https://www.munhwa.com/article/11448727
박지원(2023.1.31). "[issue&] 윤여정 배우의 20대 모습 복원 AI 딥러닝 기술 활용한 광고 화제". 중앙일보. https://www.joongang.co.kr/article/25137022
Epic Games(n.d.). "리얼타임 애니메이션". Epic Developer Community. https://dev.epicgames.com/documentation/ko-kr/metahuman/realtime-animation
Cavender, E.(2025.6.5). Most influencers use AI to create content but consumers are skeptical. Adweek. https://www.adweek.com/commerce/most-influencers-use-ai-to-create-content-but-consumers-are-skeptical/
Gumafelix, M. L.(2025.6.30). The best 5 AI advertising campaigns this year & what you can learn. DesignRush. https://www.designrush.com/agency/ad-agencies/trends/best-ai-advertising-campaigns
Hwang, S., et al.(2024). Should your brand hire a virtual influencer?. Harvard Business Review. https://hbr.org/2024/05/should-your-brand-hire-a-virtual-influencer
McMahon, L.(2025.3.27). H&M to use digital clones of models in ads and social media. BBC News. https://www.bbc.com/news/articles/c3vwg73xndeo
Rufo, Y.(2025.7.27).Does this look like a real woman? AI model in Vogue raises concerns about beauty standards. BBC News. https://www.bbc.com/news/articles/cgeqe084nn4o
Whittaker, L., et al.(2025). Avatars, assemble! Digital human

avatars for public figure engagement and marketing. Business Horizons.

07
AI 도입의 과제

AI는 아직 기술적 성숙도와 신뢰성 측면에서 개선의 여지가 크며, 광고 영상에 사용되기 위해서는 인간의 관리 감독과 AI 문해력이 필수적이다. 따라서 광고 영상 제작에서 AI 사용에 관한 전략적 선택을 해야 한다.

AI와 애니메이션?

기술적 한계

AI가 이미지, 음성, 영상 등 다양한 콘텐츠를 빠르게 생성하여 광고 영상 제작에 새로운 가능성을 제시하고 있음에도 불구하고, 아직 기술적 불완전성이 존재한다.

우선, AI 결과물은 환각(Hallucination) 문제를 내포한다. AI 모델은 근본적으로 방대한 데이터의 통계적 패턴을 학습하여 결과물을 생성한다. 이에 따라 존재하지 않는 사실이나 맥락을 실제처럼 만들어 내는 오류를 범하기도 한다. 이는 텍스트 생성뿐만 아니라 이미지나 영상 생성에서도 나타난다. 예를 들어, AI 기반의 맥주 광고를 제작한 사례에서는 맥주병과 잔이 왜곡되고 인물의 손과 얼굴이 음료와 뒤섞이는 비현실적인 장면이 발생했다(Dupré, 2023). 이러한 점은 AI의 기술적 결함이 브랜드에도 부정적 영향을 미칠 수 있음을 보여준다. 환각 현상을 줄이기 위해 실시간으로 정보를 외부 데이터베이스에서 검색하여 참고하는 검색 증강 생성(Retrieval Augmented Generation, RAG)이나 추론 단계를 나눠 생성하는 CoT 프롬프팅(Chain-of-Thought Prompting), 특정 데이터를 더 학습하거나 AI 모델을 수정하는 파인 튜닝(Fine-Tuning) 등과 같은 기술이 발전하고 있지만, 학습 데이터의 한계와 확률적 생성 과정을 바탕으로 한 AI 모델의 방식으로 인해 환각을 완전히 없애는 것은 아직 불가능하다(Karpowicz, 2025). 따라서 광고 제작자는 AI의 결과물에만 의존하지 않고 다양한 방식의 검증과 수정을 통해 이러한 문제를 사전에 방지해야 한다.

AI의 편향성(Bias) 문제 역시 주요 이슈다. AI가 학습한 데이터의 편향성에 따라 특정 고정관념을 가진 결과물을 출력하거나 다양성을 저해하도록 생성하는 경우다. 예를 들어 5000개 이상의 AI 생성 이미지를 분석한 결과, CEO나 변호사는 백인 남성으로 표현되었고 흑인은 범죄자나 패스트푸드 종사자로 묘사되는 경향을 보였다(Nicoletti & Bass, 2023). 이는 AI가 인종이나 성별 등에 관한 편향된 이미지를 만들 수 있고 광고에서 요구되는 다양성과 포용성에 반하는 결과를 낳을 수 있다는 방증이다. 광고에서 인종, 성별, 나이의 다양성은 중요한 가치다. 따라서 AI가 이를 왜곡하거나 제한적으로 표현한다면 브랜드 자체가 윤리적 논란으로 이어질 수 있다. 따라서 광고 제작자는 프롬프트 입력에서부터 AI에게 명확하고 구체적인 지시를 해야 하고 결과물에 대해 비판적 시각을 견지해야 한다.

일관성도 해결해야 할 문제 중 하나다. AI는 연속된

장면에서 인물의 외모나 배경이 왜곡되거나 각각의 컷마다 동일하지 않은 결과물을 만들어 내는 경우가 있다. 또한 같은 프롬프트를 입력하더라도 다른 결과물을 생성할 때도 있다. 이는 특히 프롬프트의 작은 변화나 파라미터 설정, 이전 프롬프트에 따라 결과가 바뀌는 특성에서 기인한다. 광고는 브랜드의 이미지를 지속적으로 전달해야 하는 매체이기 때문에 이런 비일관성은 영상의 질을 떨어트리고 소비자의 신뢰를 저해할 수 있다. 일관성 문제를 개선하기 위해서는 프롬프트 작성을 일관되게 지정하거나 동일한 결과를 재현할 수 있도록 해 주는 시드(Seed)값을 고정하는 등의 표준을 제시해야 한다.

마지막으로 AI 결과물은 세밀한 제어와 수정이 어렵다. 전문적인 제작자가 요구하는 프레임 단위의 카메라 앵글, 타이밍, 인물의 동작 등을 AI가 완전히 구현하기는 힘들다. 그에 따라 원하는 결과물을 얻기 위해 같은 장면을 수십 번 재생성하거나 추가 후반 작업을 통해 바로잡아야 하고 이러한 한계는 창작자가 느끼는 가장 큰 문제 중 하나다(Ocampo & Bown, 2024). 이것은 곧 효율성 저하로 이어지며, AI에 대한 기대와 실제 경험 사이의 괴리를 만든다.

이처럼 AI는 아직 기술적 성숙도와 신뢰성 측면에서

개선의 여지가 크며, 광고 영상에 사용되기 위해서는 인간의 관리 감독과 AI 문해력이 필수적이다. 따라서 광고 영상 제작에서 AI 사용에 관한 전략적 선택을 해야 한다. AI의 인공적인 특성을 숨기지 않고 오히려 전면에 내세워 비현실적인 비주얼을 추구하거나 편집, 색 보정 등 보이지 않는 곳에 AI를 활용하는 것이다. 어중간한 지점은 브랜드를 위협할 수 있다. 따라서 인공미를 수용할 것인지, 아니면 실제처럼 완벽하게 구현할 것인지에 대한 선택 또한 AI 활용에 중요한 지점이 될 것이다.

업계와 소비자의 저항

기술적 한계와 더불어 광고 산업 내부와 소비자에게도 AI의 도입에 대한 구조적, 심리적 저항이 존재한다. 이는 주로 직업 안정성에 대한 불안, AI 결과물에 대한 불신, 윤리적 우려 등으로 나타난다.

우선 직업 윤리 및 고용 안정성에 대한 우려가 있다. 2024년, 미국 영화배우조합(SAG-AFTRA)은 AI를 활용한 음성 및 이미지 복제 기술이 배우의 생계를 위협한다고 주장하며 항의했다. 이후 일부 광고 계약에서 AI 목소리 복제가 제한적으로 허용되었지만, 이는 사전 동의와 보상을 전제로 하는 예외적 합의에 불과했다(Roeloffs,

2024). 국내 광고업계에서도 유사한 맥락에서 성우나 출연자가 AI 대체 대상으로 보여질 경우, 해당 분야 종사자의 반발이 이어질 수 있다.

또한 AI 결과물에 대한 불신도 존재한다. AI는 기존 데이터의 패턴을 학습해 새로운 결과를 합성하는 방식이기 때문에, 창의적 발상이나 깊이 있는 문화적 맥락을 반영하기 어렵다고 보는 시각이다(Gibson, 2025). 이에 AI가 제시하는 아이디어는 평이한 수준에 머물며, 독창적 아이디어와 거리가 멀다고 판단한다. 광고주 측에서도 이러한 불신은 존재한다. 창의성과 지적 재산권 침해 우려로 사전 승인 없이는 AI 사용을 금지하는 브랜드도 생겨나고 있다(CDO Magazine Bureau, 2024). AI 활용에 대한 소비자의 반응도 엇갈린다. 예를 들어, 패션 브랜드 망고(Mango)는 AI가 생성한 모델을 활용해 광고 이미지를 제작했으나 소비자들은 현실감 부족과 진정성 결여에 대한 비판을 제기했다(Iyiola, 2025).

마지막으로 비용 예측의 불확실성이다. 많은 AI 도구 서비스가 사용량 기반의 클라우드 과금 방식을 취하는데, 이는 프로젝트가 확장될수록 예상치 못한 비용을 유발할 수 있다. 실제 조사에 따르면, 기술 경영진의 약 75%가 AI 도입으로 인한 클라우드 비용이 관리하기 어려운 수준으로 증가했다고 답했다(Ashare, 2024). 특히 영상과 관련된 여러 AI 도구가 출시되고 있기 때문에 비용을 사전에 산출하기 어렵고 유동적이다. 또한 AI 결과물에 관한 제작 비용 및 견적 산출도 쉽지 않다. 작업비 기준이나 AI 구독료, 컴퓨팅 비용, 후처리 난이도 등 새로운 기준이 혼재되어 기존처럼 단순 인건비 및 장비 사용으로만 제작비를 산출할 수 없다. 따라서 광고 제작에서 AI를 도입하려면, 비용 측면을 구체적으로 확인할 수 있는 방법을 찾고 협의의 과정이 필요하다.

이처럼 광고 산업에서 AI 도입은 단순히 기술 문제가 아니라 창작자의 가치, AI에 관한 인식, 현실적 비용 등 다양한 층위의 문제가 맞물려 있다. AI가 더욱 효과적으로 활용되기 위해서는 이해 당사자 간의 신중한 접근과 합의가 필요하다.

참고문헌

Ashare, M.(2024.10.31). AI adoption drives 'unmanageable' spike in cloud costs. Supply Chain Dive. https://www.supplychaindive.com/news/generative-ai-drives-unmanageable-cloud-cost-finops/729246/

CDO Magazine Bureau.(2024.4.3). Brands ask ad agencies not to use AI in campaigns. CDO Magazine.

https://www.cdomagazine.tech/aiml/brands-ask-ad-agencies-not-to-use-ai-in-campaigns

Dupré, M. H.(2023.5.2). This AI-generated beer commercial is a hallucinogenic nightmare. Futurism - The Byte. https://futurism.com/the-byte/ai-generated-beer-commercial

Gibson, D.(2025.1.6). Why AI in advertising isn't quite the game-changer agencies expected (yet). Creative Salon. https://creative.salon/articles/features/has-the-addition-of-any-ai-solution-made-the-profound-impact-that-was-expected-

Iyiola, M.(2025.7.26). AI fails in advertising: 8 shocking examples brands regret. Fraud Blocker. https://fraudblocker.com/articles/shocking-ai-fails-by-advertisers

Karpowicz, M. P.(2025). On the fundamental impossibility of hallucination control in large language models. arXiv. https://arxiv.org/abs/2506.06382

Nicoletti, L. & Bass, D.(2023.6.9). Humans are biased. Generative AI is even worse. Bloomberg. https://www.bloomberg.com/graphics/2023-generative-ai-bias/

Ocampo, R. & Bown, O.(2024). Integrating generative AI into creative workflows: Three challenges identified in a magazine production case study. In Grace, K. et al.(eds.). *Proceedings of the 15th International Conference on Computational Creativity*, pp.418~422. Association for Computational Creativity.

Roeloffs, M.(2024.8.14). Some actors will let AI replicate their voices for advertisements under new union agreement. Forbes. https://www.forbes.com/sites/maryroeloffs/2024/08/14/some-actors-will-let-ai-replicate-their-voices-for-advertisements-under-new-union-agreement/

08
AI 저작권과 윤리

클라이언트나 대행사와의 계약서에도 AI 활용 시 책임 범위와 절차를 명시해 두는 것이 안전하다. AI는 도구일 뿐, 그 도구 사용에 따르는 책임은 사용자에게 있음을 늘 인지하는 문화가 필요하다.

AI와 인재 채용?

AI 저작권과 함의

전 세계적으로 AI 생성 콘텐츠의 저작권 인정 여부를 두고 논의 중이다. 미국에서는 인간의 개입이 없는 산출물은 저작권법상 보호받지 못하며, AI가 일부 관여한 때에도 인간이 기여한 부분만 한정적으로 보호된다고 정의했다(U.S. Copyright Office, 2023). 또한 2025년 2월에 발간한 보고서에서도 저자의 개념에 인간만 포함한다는 원칙을 다시 한번 밝혔다(U.S. Copyright Office, 2025).

유럽도 인간의 지적 창작물만 보호한다는 입장이며, AI 산출물은 원칙적으로 저작권 대상이 아니다. EU 저작권법은 창작성을 '저자의 자기 정신적 창작'으로 정의해왔는데, 여기서 저자는 통상 자연인(인간)으로 해석된다. 실제로 2023년 유럽 최초로 AI 저작권 분쟁을 다룬 체코 법원 판결은 'AI는 자연인이 아니므로 창작자가 될 수 없으며, 인간이 충분히 창의적으로 개입하지 않은 AI 생성 이미지는 저작물로 인정되지 않는다'고 판시했다(Novagraaf Team, 2024).

우리나라에서도 AI 생성물의 저작권 문제에 관한 지침이 마련되었다. 2023년 12월 문화체육관광부와 한국저작권위원회는 '생성형 AI 저작권 안내서'를 발간하여 원칙적으로 AI 창작물은 저작물로 볼 수 없으며 저작권

등록 대상도 될 수 없다는 방침을 발표했다(한국저작권위원회, 2023). 다만 AI 산출물을 인간이 편집 및 선별하여 새로운 창작물을 만들었다면, 편집 저작물로서의 보호 가능성은 인정된다고 밝혔다.

이러한 법적 논의는 광고 산업에도 함의를 가진다. 첫째, AI로 생성한 광고의 비주얼이나 카피의 소유권이 불명확하다. 광고 회사나 광고주가 비용을 들여 광고를 만들어도, 그 결과물은 권리 주체가 불명확하다. 이는 광고주 입장에서 경쟁사가 해당 AI 이미지나 영상을 무단 활용해도 저작권으로 제재하기 어려움을 의미한다. 또한 AI를 통해 쉽게 복제가 가능한 콘텐츠가 양산되면 독창적 캠페인 자산을 구축하기가 어려워질 위험이 있다.

둘째, 라이선스 리스크가 존재한다. 많은 AI 모델이 인터넷상의 방대한 데이터로 사용해 훈련되었는데, 그중에는 타인이 소유한 저작물도 다수 포함된다. 이 때문에 생성된 결과물이 학습 데이터에 있던 타인의 창작물과 유사하거나 일부를 그대로 모방할 수 있다. 예를 들어 AI가 만든 이미지에 유명한 사진작가의 스타일이나 워터마크가 희미하게 남는 일이 보고되었으며, 실제로 게티이미지(Getty Images) 등 사진 업체들은 무단 크롤링으로 자사 이미지를 학습시켰다며 AI 기업을 고소했다

(유한주, 2023). 광고에 이런 AI 이미지를 사용하면 타인의 저작권을 침해할 소지가 있다.

셋째, 책임 소재가 복잡하다. 인간이 만든 광고에서 표절이나 무단 도용이 발생하면 통상 그 제작자나 고용주가 법적 책임을 진다. 그러나 AI가 만들어준 결과물의 유사성이나 저작권 문제는 누구의 책임인지 판단이 어렵다. 예컨대 AI 결과물 중에 타인 캐릭터나 상표가 섞여 나왔다면, 이를 발견하지 못하고 광고에 사용한 제작자가 책임질지, 아니면 AI 개발사의 과실인지 분명치 않다.

정리하면, AI 시대 광고 창작물의 저작권은 인간과 AI의 공저(共著)가 가능한가라는 질문까지 내포한다. 결국 인간의 개입과 독창성이 어느 정도인지에 따라 권리 귀속이 결정될 것이다. 광고에서 AI를 활용하더라도 최종 결과물은 인간이 충분히 창의적으로 수정, 가공한 뒤 저작권을 확보해야 할 것이다. 또한 AI 도구를 사용할 때는 훈련 데이터의 출처와 사용 조건을 확인하고 잠재적으로 남아 있을 타인의 저작물 요소를 검토하는 등의 사전 점검이 필요하다. 즉, AI 산출물의 법적 지위가 불안정함을 인지하고 위험 요소를 관리해야 한다.

허위 정보의 윤리적 위험

딥페이크(Deepfake)란 딥러닝(Deep Learning) 기술로 특정 인물의 얼굴, 목소리 등을 다른 영상에 합성해 진짜처럼 보이게 만든 가짜 미디어를 말한다. 초기에는 주로 유명인의 얼굴을 음란물에 합성하는 등 악용 사례로 주목받았으나, 기술 발달로 일반 동영상이나 광고에도 누구나 자연스러운 합성이 가능해졌다.

광고 분야에서는 딥페이크가 양날의 검이다. 긍정적으로는 광고 모델의 언어나 표정 등을 AI로 수정하여 콘텐츠를 대량 생산하거나, 고인이 된 인물이나 출연이 어려운 유명인을 가상으로 등장시켜 창의적인 캠페인을 할 수 있다는 기대가 있다. 실제로 인도에서는 캐드버리(Cadbury)의 초콜릿 광고에 발리우드 배우 샤루크 칸(Shah Rukh Khan)의 딥페이크를 활용, 지역 상점의 상호를 불러주는 맞춤형 광고 캠페인을 펼쳤다(WPP, 2022).

그러나 이러한 혁신적 활용 이면에는 윤리적이며 법적 위험이 존재한다. 우선 딥페이크 광고는 개인의 초상권과 퍼블리시티권 침해 우려가 크다. 합성 대상이 된 유명인이나 일반인 당사자의 동의 없이 얼굴이나 목소리가 사용되면 명백한 프라이버시 침해이자 상업적 무단 도용이다.

또한 허위 정보와 소비자 기만 문제가 있다. 딥페이크를 사용하면 존재하지 않는 광고 내용을 사실처럼 꾸밀 수 있어 광고의 진실성 원칙이 훼손될 위험이 크다. 실제로 2023년 말, 전 JTBC 앵커 손석희 씨의 얼굴과 목소리를 합성한 페이스북 투자 광고가 퍼져 논란이 되었는데, 이 영상에서 혁신적 AI 투자 덕에 경제적 자유를 얻었다는 거짓말을 손 전 사장이 직접 말하는 듯 연출하여 이용자를 현혹했다(금준경, 2023). 그 결과 일부 투자자들은 이를 믿고 돈을 보내 피해를 봤다.

이처럼 딥페이크 광고는 사실과 다른 인물이나 효능을 진짜처럼 보이게 하여 소비자를 오도할 수 있다. 의료나 금융 상품 광고에 만약 전문가의 딥페이크를 쓰거나 유명 연예인이 근거 없는 효능을 말하게 할 경우, 소비자는 속아 넘어갈 가능성이 높다. 이는 광고 윤리와 규제의 근간을 뒤흔드는 문제다. 이런 사례들은 딥페이크 기술이 대중화됨에 따라 누구나 피해 대상이 될 수 있음을 보여주며, 광고업계의 윤리적 경각심을 요구한다.

윤리적 책임과 원칙

AI가 광고 제작 과정에 깊숙이 들어오면, 광고 제작자의 역할과 책임에도 변화가 생길 것이다. AI는 이미지 합성, 카피라이팅, 영상 제작 등 많은 부분을 자동화하거나 보조할 수 있지만, 그 결과에 대한 최종 책임은 여전히 인간에게 있음을 잊어서는 안 된다. 광고 제작자는 AI 도구를 활용할 때 윤리 원칙을 명심해야 한다. 이를테면 투명성, 공정성, 비편향성, 소비자에 대한 존중, 사회적 책임 등이 그것이다. 이러한 원칙은 단지 도덕적인 지침이 아니라, 지속 가능한 광고 산업을 위해 필수적이다.

또한 AI로 제작된 광고라면 AI에 의해 생성되었거나 합성되었음을 가능한 한 투명하게 밝히는 것이 중요하다. 이는 소비자에 대한 기본적인 존중과 신뢰 구축의 출발점이다. 유네스코(UNESCO)의 AI 윤리 권고에서도 AI 시스템의 투명성과 설명 가능성을 강조하며, 대중이 AI 개입 정도를 인식할 권리가 있다고 명시한다(UNESCO, 2022). 따라서 광고 제작자는 AI로 만든 이미지나 카피를 사용할 경우, 적절한 맥락에서 그 사실을 공개하거나 최소한 소비자가 오인하지 않도록 표현해야 한다.

더불어 AI는 많은 데이터를 학습하여 콘텐츠를 생성하지만, 그 데이터가 사회적 편견을 반영할 위험이 늘 존재한다. 광고에서 AI를 활용할 때 인종, 성별, 나이 등에 대한 고정관념이나 차별적 표현이 나오지 않도록 주의

해야 한다. 따라서 광고 제작자는 AI 결과물을 그대로 수용하기 전에, 소재나 표현에 편향 요소가 없는지 검토해야 한다. 예를 들어 AI가 생성한 광고 시나리오에서 특정 성별만 소비자로 묘사하거나 인종에 따른 역할 고정이 나타날 경우, 이를 수정해야 한다. 광고는 사회와 문화에 영향을 미친다. 그에 따라 AI 광고에서도 공익과 사회적 영향을 고려하는 책임 의식이 요구된다.

AI를 활용해도 궁극적 책임은 인간에게 있다. AI가 생성한 콘텐츠나 추천한 의사 결정을 맹신해서는 안 되며, 사람이 최종적으로 판단해야 한다. 따라서 조직 차원에서 AI 결과물에 대한 인간 검토 과정을 의무화하고, 문제가 발생하면 어느 단계에서 잘못되었는지 추적하여 개선해야 한다. 또한 클라이언트나 대행사와의 계약서에도 AI 활용 시 책임 범위와 절차를 명시해 두는 것이 안전하다. AI는 도구일 뿐, 그 도구 사용에 따르는 책임은 사용자에게 있음을 늘 인지하는 문화가 필요하다.

참고문헌

금준경(2023.11.23). "손석희 "재정적 자유를 위한 길을 열었습니다" 사칭광고 딥페이크까지 등장". 미디어오늘. https://www.mediatoday.co.kr/news/articleView.html?idxno=314028

유한주(2023.1.18). “게티이미지, ‘AI 이미지 생성’ 기업에 지적 재산권 침해 소송”. 연합뉴스.
https://www.yna.co.kr/view/AKR20230118055500009

한국저작권위원회(2023). “생성형 AI 저작권 안내서”. 한국저작권위원회.

Novagraaf Team.(2024.5.1). AI and copyright: First ruling from a European court. Novagraaf.
https://www.novagraaf.com/en/insights/ai-and-copyright-first-ruling-european-court

UNESCO(2022). Recommendation on the Ethics of Artificial Intelligence. UNESCO.

U.S. Copyright Office.(2023.3.16). Copyright registration guidance: Works containing material generated by AI. *Federal Register, 88*(51), pp.16190~16194.

U.S. Copyright Office.(2025.1.29). Copyright and artificial intelligence, Part 2: Copyrightability(USCO Report No. 2025-1). U.S. Copyright Office.

WPP.(2022.3). Ogilvy and Wavemaker: #NotJustACadburyAd and Shah Rukh Khan-My-Ad.
https://www.wpp.com/en/featured/work/2022/03/ogilvy-and-wavemaker-notjustacadburyad

09
AI 시대, 변하지 않는 가치

결국 AI는 수많은 가능성을 제시하지만, 그것을 선별하고 최종적으로 브랜드의 서사로 완결시키는 권한은 인간에게 있다. 끝맺음을 어떻게 선택하느냐에 따라 광고 영상의 질이 달라지고 브랜드의 방향성이 결정된다.

AI와 기자?

문제 정의와 방향 설정

독창적인 결과물은 인간의 시작에서 출발한다. 그 시작이란 문제를 정의하고 창의적 방향을 설정하는 것이다. 광고 제작의 과정은 단순히 시각적 산출물을 만들어 내는 기술적 과정이 아니라, 어떤 문제를 정의하고 어떤 방향으로 나아갈지를 설정하는 데서 출발한다. 이 첫 단계는 곧 브랜드의 출발점이다. AI는 방대한 데이터를 학습하고 이를 바탕으로 수많은 시안을 제시할 수 있지만, '무엇을 위해, 왜 이러한 결과물을 만들어야 하는가'라는 질문은 인간만이 할 수 있다. 시작의 순간은 단순히 효율적인 산출의 문제가 아니라, 정체성과 비전, 맥락 등을 어떻게 바라보느냐의 문제이기 때문이다.

따라서 브랜드의 정체성을 규정하고 문제를 창의적으로 해석하는 출발점은 인간의 고유한 영역이다. 예를 들어, 같은 제품이라도 '기능성'을 강조할 것인지, '감성적 경험'을 부각할 것인지, 아니면 '사회적 가치'를 중심으로 포지셔닝할 것인지에 따라 광고의 모든 요소가 달라진다. 이런 전략적 선택은 AI의 데이터 분석만으로는 충분하지 않다. 시대적 맥락을 읽고 소비자의 잠재적 욕구를 파악하며 경쟁 브랜드와 차별화할 수 있는 독특한 지점을 찾아내는 종합적 판단력이 필요하다.

따라서 광고 제작 과정에서 AI가 담당하는 역할은 어디까지나 보조적 위치에 머무른다. AI는 다양한 시안을 빠르게 만들어 내고 반복적인 작업을 대신하면서 광고 제작자의 시간을 절약하지만, 그 방향과 맥락을 정하는 출발점은 인간의 해석과 가치 판단에 의해 열린다. 즉 이러한 시작의 순간은 단순히 작업의 효율화를 넘어 창작 행위의 주도권을 누가 쥐고 있는지를 보여준다. 글로벌 광고대행사 WPP의 최고경영자 마크 리드(Mark Read)는 AI의 등장이 인간의 창의성을 대체하는 것이 아니라, 오히려 창의적 사고와 문제 정의의 중요성을 더욱 선명하게 드러낸다고 강조한다(Sweney, 2023). 결국 시작을 어떻게 규정하고 어떤 문제의식을 부여하느냐는 인간의 몫이다.

장기적인 관점에서 브랜드의 지속 가능한 메시지를 유지하는 일도 마찬가지다. AI가 만든 광고의 영상이나 카피가 일시적 주목을 끌 수는 있어도, 장기 전략과 사회적 가치에 맞는지 판단하는 건 인간의 역할이다.

선택과 완성

광고 제작의 끝엔 인간이 필요하다. 수십 개의 이미지나 카피를 프롬프트로 손쉽게 얻을 수 있는 시대가 되었지만, 그 결과물 중에서 무엇이 브랜드의 정체성에 부합하고 미적 완성도를 갖추고 있는지를 판단하는 순간은 인간의 선택과 안목 없이는 불가능하다. 겉보기에 세련된 결과라 해도 브랜드의 가치와 충돌하거나 특정 맥락에서 부적절하게 작용할 수 있기 때문이다. 따라서 광고 제작의 끝을 책임지는 과정은 단순한 선택이 아니라, 브랜드와 소비자 간의 관계를 규정짓는 결정적 단계다. 결국 AI가 제공하는 다수의 가능성은 과정일 뿐이며, 그것을 하나의 설득력 있는 메시지와 영상으로 완성하여 끝내는 작업은 인간이 해야 한다.

이를 보여주는 사례가 바로 최근 업계에서 등장한 AI 디렉팅(AI Directing)개념이다. 과거의 디렉터가 다양한 스태프를 이끌어 작품을 완성했다면, 이제는 AI를 팀의 일원으로 두고 그 결과물을 선택하고 조율하는 역할을 하게 된다. 이미 실무에서는 AI가 다수의 시안을 만들어내고 그중 가능성 있는 결과를 인간이 골라 브랜드 맥락에 맞게 완성하는 방식이 확산되고 있다(Campaign Asia, 2023). 글로벌 광고대행사 미디어 몽크스(Media Monks)는 아예 'AI 디렉터'를 두어, AI가 생산한 결과를 관리하고 있다(Reeves, 2023). 이 같은 사례는 광고 제작의 끝이 인간의 선택과 해석을 통해 완성된다는 점을 의미한다.

또한 영국의 글로벌 광고제 주관 단체인 D&AD의 조 잭슨(Jo Jackson) CEO는 젊은 광고 제작자가 AI를 기회로 인식하면서도 어떻게 활용해야 할지 모르는 경우가 많다는 점을 지적하며, 올바른 브랜드 스토리를 만드는 데 도움을 주는 AI 활용을 고민해야 한다고 강조했다(김수경, 2023). AI가 만든 산출물을 그대로 사용하는 것이 아니라, 브랜드의 톤, 사회적 맥락, 소비자의 정서를 반영해 인간이 다듬고 각색하는 과정이 필요하다는 것이다. AI는 특정 타깃의 정서적 반응이나 미묘한 사회적 의미를 반영하는 데는 한계가 있기 때문이다.

결국 AI는 수많은 가능성을 제시하지만, 그것을 선별하고 최종적으로 브랜드의 서사로 완결시키는 권한은 인간에게 있다. 끝맺음을 어떻게 선택하느냐에 따라 광고 영상의 질이 달라지고 브랜드의 방향성이 결정된다. 다시 말해, AI는 다양성을 제시하는 도구일 뿐이며 완성의 순간을 책임지는 주체는 언제나 인간이다.

진정성

AI는 데이터를 기반으로 다양한 광고를 만들 수 있지만, 사람의 마음을 움직이는 진정성은 여전히 인간의 고유한 영역이다. 광고가 단순 정보 전달을 넘어 소비자와 감정적 유대를 형성하는 매체임을 고려할 때, 진정성의 부재는 치명적이다. 실제 연구에서도 감성적인 이야기는 단순 정보보다 20배 이상 오래 기억에 남는 것으로 나타났다(Strickman, 2025). 소비자 조사에서도 AI 광고는 매끄럽게 만들어져도 어딘가 부자연스럽다는 반응이 많았다. 심지어 완성도가 높아도 전통적 광고보다 기억에 덜 남았는데, 이는 진정성 부족 때문이었다(Adams, 2024). 특히 고급 브랜드 영역에서는 이런 경향이 두드러진다. 연구에 따르면 명품 광고에 AI 이미지를 사용했다고 밝히면 오히려 호감도가 떨어졌다(To et al., 2025). 소비자들은 고급 브랜드의 진정성을 인지된 노력과 연관시키기 때문에, AI 광고가 브랜드에 대한 진정성을 떨어트린다고 보기 때문이다.

이는 단순히 만들어진 방식의 문제가 아니다. 진정성은 광고 제작자의 경험, 감정, 그리고 의도가 작품에 자연스럽게 스며들 때 생겨난다. 실제 로케이션에서의 예상치 못한 순간, 배우의 즉흥적인 감정 표현, 수작업으로 만들어진 불완전함 속의 아름다움 등이 진정성을 만들어 낸다. 이러한 광고 연출은 여전히 설득력이 강하다. 특히 자동차, 패션, 뷰티 같은 비싼 가격의 제품이나 감성 소비재 분야에서는 현실의 질감과 인간의 감정이 특히 중요하다.

2025 칸 라이언즈 미디어 부문 그랑프리를 수상한 뷰티 브랜드 도브(Dove)의 캠페인은 이러한 브랜드의 진정성을 잘 보여준다. 도브는 AI가 생성하는 여성의 이미지가 획일적이거나 비현실적인 점을 지적하며 소셜미디어에서 다양한 여성의 이미지를 구성할 수 있게 했고 좋은 평가를 받았다(유다정, 2025). 이처럼 사람들은 작고 미묘한 차이를 본능적으로 감지한다.

따라서 브랜드는 AI를 활용하되 진정성을 해치지 않는 선에서 전략적으로 접근해야 한다. 시의성이 중요한 소셜미디어에서는 AI를 사용하여 제작하되, 브랜드의 철학이나 이미지와 연관이 될 수 있는 캠페인에서는 기존 방식으로 제작하여 진정성을 담아내야 한다.

AI는 진정성을 대체하는 것이 아니라, 진정성 있는 메시지를 더 많은 사람에게 전달하는 도구로 활용될 때 가장 효과적이다. 결국 기술이 발전할수록 진정성이라는 인간 고유의 가치는 더욱 희소하고 귀중해질 것이다. AI 시대의 광고는 효율성과 진정성 사이에서 균형을 찾아가야 한다.

참고문헌

유다정(2025.7.9). ""유행 대신 브랜드 유산에 집중" … 로레알·도브·애플, 성공한 장수 캠페인의 공통점". Bran Brief. https://www.brandbrief.co.kr/news/articleView.html?idxno=8498

Adams, P.(2024.12.17). Consumers call AI-generated video ads annoying, confusing, per NIQ. Marketing Dive. https://www.marketingdive.com/news/consumer-perceptions-generative-ai-in-marketing-openai-sora/735761/

Reeves, A.(2023.8.28). When generative AI meets virtual production, what does it mean for advertising?. LBBOnline. https://lbbonline.com/news/when-generative-ai-meets-virtual-production-what-does-it-mean-for-advertising

Strickman, J.(2025.7.9). Real 〉 AI-Generated: Why Human Stories Still Matter in a Tech-Driven World. Advertising Week. https://advertisingweek.com/real-ai-generated-why-human-stories-still-matter-in-a-tech-driven-world/

Sweney, M.(2023.2.23). 'It's fundamental': WPP chief on how AI has revolutionised advertising. The Guardian. https://www.theguardian.com/technology/2023/feb/23/ai-artificial-intelligence-wpp-global-advertising-revolution-technology

To, R. N., et al.(2025). When AI Doesn't Sell Prada: Why Using AI-Generated Advertisements Backfires for Luxury Brands. *Journal of Advertising Research, 65*(2), pp.202~236.

10

AI 광고 영상의 미래

기초 역량은 중요하다. 오히려 AI가 발전할수록 디자인, 글쓰기, 마케팅 등 전통적인 광고 영상 제작 지식과 비판적 사고는 필수적이다. 왜냐하면 이와 같은 기본 원리를 이해하고 있어야 AI를 더 효과적으로 활용할 수 있기 때문이다.

AI와 미래 의사?

광고 제작자의 미래

광고 영상 업계에는 전통적인 크리에이티브 디렉터, 아트 디렉터, 카피라이터, 감독, PD와 같은 역할 이외에도 AI와 융합되는 하이브리드 직무가 대두될 것으로 예상된다.

우선 광고대행사 조직에 AI 활용을 전담하는 새로운 역할이 등장하고 있다. 실제로 캐나다의 다이아몬드 마케팅 그룹(Diamond Marketing Group)은 COO 앨런 맥도널드(Alan Macdonald)를 최고 AI 책임자(Chief AI Officer)로 임명하여 사내 AI 활용 전략을 총괄하도록 했다(Sanchez, 2023). 또한 최적화된 입력을 설계하고 개선하는 프롬프트 엔지니어(Prompt Engineer)나 AI 콘텐츠 제작 워크플로 설계와 운영을 담당할 AI 콘텐츠 책임자(AI Content Operations Lead), AI 기술 기반의 프로토 타입을 제작하는 크리에이티브 테크놀로지스트(Creative Technologist) 등의 역할이 생겨날 것으로 보인다(Wood, 2025).

이러한 변화 속에서 광고대행사 내의 제작팀 역할도 재정의될 것이다. 과거에는 크리에이티브 디렉터가 아이데이션과 제작 전반을 진두지휘했다면, 이제는 AI 도구와 인간 팀원의 협업을 설계하고 최적의 결과를 이끄는 조율 능력과 AI 결과물이 중요하다. 또한 아트 디렉터와 카피라이터의 역할 역시 변화할 것으로 보인다. 아트 디렉터는 비주얼 콘셉트를 정하는 수준을 넘어, 생성형 AI가 만들어 낸 이미지 결과물을 선별 및 수정하고 브랜드 아이덴티티에 맞게 재가공하는 역할이 추가될 것이다. 카피라이터 역시 광고 문구 작성뿐만 아니라 AI가 자동 생성한 다수의 카피 중 문화적 맥락과 소비자 정서를 고려해 가장 적합한 메시지를 찾아내는 'AI 카피 에디터'의 역할로 확장될 것이다.

아울러, 감독과 PD의 역할 또한 전환점을 맞을 것이다. 감독은 단순히 배우와 스태프를 지휘하는 데 그치지 않고, AI가 생성한 가상 인물이나 배경, 세트와 같은 디지털 자산을 효과적으로 결합하여 새로운 시각적 경험을 창조하는 연출자로서 변화할 것이다. PD는 제작 일정과 예산을 관리하는 기존의 책임에 더해, AI 도입에 따른 효율성 검토, 저작권 및 윤리 문제의 검증, 그리고 데이터 활용에 따른 리스크 관리를 담당할 것이다.

결국 광고 영상 업계의 제작자는 더 이상 단일 영역의 전문가가 아니라, AI와 협력하며 융합적 시각을 갖춘 하이브리드 제작자로서 거듭나야 한다. 더불어 단순히 새로운 직무의 등장이 아닌 광고 제작 생태계 전반의 사고

방식과 제작 프로세스 자체가 근본적으로 재편되고 있음을 의미한다.

AI와 광고 산업의 미래

AI의 다음 단계는 에이전트 AI(Agentic AI)가 될 것으로 예측된다(나병현, 2025). 이는 인간의 지속적인 감독 없이도 복잡한 작업을 독립적으로 계획하고 실행할 수 있는 시스템을 의미한다. 이러한 에이전트 AI는 앞으로 타깃 분석부터 비주얼 생성과 카피라이팅, 영상 생성까지 모든 과정을 자율적으로 처리하면서 광고 캠페인의 전 과정을 관리하게 될 것이다. 앞으로 광고 제작 과정이 자동화된다면, 결과물을 선택하고 관리하는 안목과 경험이 더욱 중요해질 것이다.

하지만, 이러한 변화가 긍정적인 것만은 아니다. 에이전트 AI가 이미지 생성이나 편집과 같은 기초 업무를 자동화함에 따라, 신입 광고 제작자가 안목과 경험을 배울 수 있는 전통적인 경력 개발 경로가 점차 사라질 것이다. 조사에 따르면, 신입 공고는 감소하는 반면 AI에 숙련된 인력의 수요는 증가하고 있으며, 신입 직원에게는 실무 이력이 요구되고 있지만 그만한 경험을 쌓을 기회가 부족하다(Quinn, 2025). 광고 제작자의 능력은 수년간의 실무 경험을 통해 축적된 경험과 판단력, 안목에서 비롯된다. 그러나 AI가 신입 제작자의 업무를 자동화한다면, 미래의 광고 제작자는 필요한 전문성을 어떻게 개발할 수 있을지에 대한 근본적인 질문이 제기된다. 이는 장기적으로 광고업계의 위험을 의미한다. 프롬프트 작성에는 능숙하지만, 근본적인 안목과 판단력이 부족한 인재가 형성되고 종국엔 광고업계 전반의 질적 하락이 이루어질 수 있다.

물론 생산성 측면에서는 이와 같은 경향이 자연스러운 일일 수 있다. 기술의 발전이 인간의 역할을 대체하고 새로운 전문성을 요구하는 현상은 산업혁명 이후 반복되어 온 역사이기 때문이다. 하지만 광고의 핵심은 데이터와 효율성만으로 설명될 수 없는 인간에 대한 깊은 이해를 바탕으로 한 창의성에 있다. 또한 캠페인의 방향을 설정하고 최종 결과물의 미묘한 차이를 구별해 내는 역할은 여전히 인간의 몫으로 남을 것이다. 오히려 수많은 AI 생성물 속에서 최적의 결과물을 선택하며, 그것을 더욱 발전시키는 '크리에이티브 디렉팅' 능력의 중요성은 그 어느 때보다 커질 것이다. 이러한 창의성과 크리에이티브 디렉팅 능력은 하루아침에 길러지는 것이 아니라, 수많은 시행착오와 미묘한 감각을 익히는 과정을 통해 완성된다.

따라서 AI 시대에 광고계가 직면한 과제는 단순히 '어떻게 AI를 잘 활용할 것인가'를 넘어, '어떻게 차세대 광고 제작자를 양성할 것인가'의 문제로 귀결된다. 경험의 공백을 어떻게 메우고 차세대 전문가를 길러낼 것인지에 대한 업계의 진지한 고민과 선제적인 투자가 그 어느 때보다 시급한 시점이다.

미래 광고 제작자에게 필요한 것

AI가 광고 산업 전반을 바꾸어 놓으면서, 차세대 광고 제작자에게 요구되는 역량도 변하고 있다. AI의 자율적 의사 결정 능력이 본격화되는 근미래의 광고 환경에서는, 교육의 방향 역시 현재와는 크게 달라져야 한다. 지금까지 전통적 기술 교육 제작 역량에 치중해 왔지만, 앞으로 이러한 업무는 상당수가 AI에 의해 자동화될 것이다. 따라서 이러한 산업 구조의 변화를 인지하고 그에 맞는 준비를 해야 한다. 한 연구에서는 단순한 지식 습득을 넘어 비판적 사고력, 창의적 문제 해결 능력, 협업 능력, AI 문해력 등의 역량을 지향해야 한다고 제시하였다(한규훈 · 김지은, 2025). 이를 토대로 볼 때, 미래 광고 제작자는 AI와 공존하며 창의성을 발휘할 수 있도록 다각적인 방안을 모색해야 한다.

우선 기술적 측면에서 멀티 모달 AI(Multimodal AI)에 대비해야 한다. 텍스트, 이미지, 오디오, 영상이 통합된 AI 도구가 빠르게 발전하고 있기 때문에 한 가지 매체에 국한되지 않고 다양한 미디어를 넘나들며 아이디어를 내고 제작할 수 있는 창작 역량이 필요하다. 예를 들어 앞으로의 광고 제작자는 아이디어 개발 능력뿐 아니라 프롬프트 엔지니어링, 영상 및 사운드에 대한 이해까지 갖춘 인재가 유리할 것이다. 단순히 AI 도구나 프롬프트 입력법을 가르치는 데 그치지 않고, 여러 미디어나 기술을 엮어 생각할 수 있는 통찰력을 키우도록 해야 한다.

무엇보다 중요한 것은 AI 문해력이다. 앞으로는 국제적 차원에서 AI의 규제와 감시가 더욱 강화될 것이다. 이에 광고 제작자는 기술적 능력과 더불어 법적, 윤리적 판단 능력이 필요하다. 종합 광고대행사 이노션의 김정아 부사장은 2023 애드아시아 서울에서 AI는 광고 산업의 큰 원동력이라면서도, AI 결과물이 표절, 저작권, 초상권 문제를 안고 있음을 지적했다(김수경, 2023). 이처럼 AI 활용이 늘수록 편향된 결과물이나 저작권 침해 등의 문제가 표면화되고 있어, 광고 제작자는 이를 식별하고 수정하는 책임 역량을 길러야 한다.

그럼에도 불구하고 기초 역량은 중요하다. 오히려 AI가 발전할수록 디자인, 글쓰기, 마케팅 등 전통적인 광고 영상 제작 지식과 비판적 사고는 필수적이다. 왜냐하면 이와 같은 기본 원리를 이해하고 있어야 AI를 더 효과적으로 활용할 수 있기 때문이다. 즉 AI를 사용하기 전에 기초 지식을 배워 비판적 사고와 창의력의 기반을 다져야 한다. 많은 연구에서도 AI에 너무 일찍 의존하면 비판적 사고 저하, 학습 효과 감소, 문제 해결 결과 저해 등이 나타날 수 있다고 밝혔다(Zhai, 2024; Vieriu & Petrea, 2025; Ju, 2023). 결국 기초 지식과 경험을 확보하지 못한 상태에서의 AI 활용은 단기적 편의에 그칠 뿐이다. 기초 역량 위에 AI를 접목할 때 비로소 지속적이고 발전적인 광고 제작자가 될 수 있을 것이다.

참고문헌

김수경(2023.10.27). "AI는 광고 크리에이티브의 새로운 혁명일까? … D&AD와 더 원 클럽이 답하다". 브랜드브리프. https://www.brandbrief.co.kr/news/articleView.html?idxno=6396

나병현(2025.1.7). "[CES 2025] 엔비디아 젠슨 황 "모든 조직에 활용 가능한 AI 에이전트 시대 도래"". 비즈니스 포스트. https://www.businesspost.co.kr/BP?command=article_view&num=379236

한규훈·김지은(2025). “AI 시대의 광고홍보학 전공교육: 교수자 심층인터뷰를 토대로”. 《한국광고홍보학보》, 27(2), 49~92쪽.

Ju, Q.(2023). Experimental evidence on negative impact of generative AI on scientific learning outcomes. arXiv. https://doi.org/10.48550/arXiv.2311.05629

Quinn, T.(2025.7.26). AI disruption in entry-level hiring: Strategic risks and opportunities for investors in a reshaped labor market. AInvest. https://www.ainvest.com/news/ai-disruption-entry-level-hiring-strategic-risks-opportunities-investors-reshaped-labor-market-2507/

Sanchez, S.(2023.12.18). Creatives embraced AI in 2023, but there's a long way to go. Campaign. https://www.campaignlive.com/article/creatives-embraced-ai-2023-theres-long-go/1851448

Vieriu, A. M. & Petrea, G.(2025). The Impact of Artificial Intelligence (AI) on Students' Academic Development. *Education Sciences, 15*(3), 343.

Wood, E.(2025.6.4). How Marketing Roles and Titles Are Changing in the Age of AI. Career Foundry. https://careerfoundry.com/en/blog/digital-marketing/how-ai-is-changing-marketing-roles/

Zhai, C., et al.(2024). The effects of over-reliance on AI dialogue systems on students' cognitive abilities: a systematic review. *Smart Learning Environments, 11*, 28.

박상권

건국대학교 시각영상디자인학과 조교수다. 홍익대학교 디자인공예학과 시각디자인전공에서 박사학위를 취득했고 영국 Goldsmiths, University of London에서 Design: Innovation in Practice 석사 과정을 졸업했다. 이노션 월드와이드 아트 디렉터, 포르투 스튜디오 크리에이티브 디렉터, 디오비스튜디오 콘텐츠마케팅본부장 등을 지냈다. 현재 한국커뮤니케이션디자인협회 이사로 활동하고 있으며, 부산국제마케팅광고제 심사위원을 맡은 바 있다. 또한 뉴욕페스티벌, 애드페스트, 스파이크아시아, 대한민국광고대상, 서울영상광고제 등 국내외 광고제에서 수상하였다. 주요 연구로는 '마켓 5.0 환경에서의 메타버스 광고 콘텐츠에 관한 연구: 2020/2021 칸 라이언즈 수상작을 중심으로'(2021), '디지털 트랜스포메이션 환경에서 광고의 영역 변화에 관한 연구: 광고대행사의 E-커머스 진출 사례를 중심으로'(2021) 등이 있다.